AF156196

PATRICK SANSANO

JOURNAL 2015

Journal 1

Valence, 1er janvier

2014 est à ce jour la pire année de ma vie, ma fille ayant perdu la garde de mon petit fils en juillet. Cela fait sept mois que le cauchemar est là. Le jugement a été prononcé en août 2014.

Ce drame a tout occulté depuis le 12 juin, lorsqu'un huissier de justice est venu frapper à la porte de ma fille Claire pour une assignation en référé.

Je me dis que le jugement d'appel qui ne va pas tarder à tomber sera décisif. Il faut malgré tout continuer à vivre. Rien ne sera plus jamais pareil.

Que va donc m'apporter 2015, en faisant abstraction de cette affaire ? Cette année marque le vingtième anniversaire de la mort de la comédienne Muriel Baptiste, que j'aime depuis toujours, et quand je dis toujours, cela a commencé à l'âge de sept ans. En 1974, elle a quitté le métier et s'est évanouie dans la nature. Je n'ai appris son décès que le dimanche 6 novembre 2005, plus de dix ans après, à dix-huit heures.

Mon deuil, si je peux le qualifier ainsi, est donc décennal, puisque mon esprit l'a pris en compte lors de la connaissance de la terrible nouvelle.

Tout le monde a oublié Muriel aujourd'hui, même si en son temps (1964-1974), elle a connu son moment de gloire, particulièrement à la télévision, à l'ORTF. Elle a été la vedette de cinq feuilletons, celui qui est passé à la postérité est « Les Rois maudits ».

Je sais que beaucoup me prennent pour un illuminé. J'ai réalisé un blog sur elle, et ai publié à compte d'auteur « Muriel Baptiste, la reine foudroyée », en 2007, et « Muriel Baptiste, la vie : quelle gifle ! » en 2014. Mes livres se sont mal vendus, quelques dizaines, mais ils représentent pour moi une trace bien plus durable qu'Internet. Je trouve cette technologie peu fiable et peu durable, tant de sites et de forums ont disparu depuis que je surfe sur la toile comme on dit.

Si je suis encore là le 1er janvier 2016, je pourrai tenir le même discours. Muriel encore, Muriel toujours. Elle est vivante tant que je le suis, puisque je parle d'elle, perpétue son souvenir. La grande question est de savoir si quelque chose existe « après ». Eternelle question pour moi qui ait été croyant les quinze premières années de ma vie, puis comme le chante Michel Sardou qui ait surtout cru lorsque j'en avais besoin. En 1997, malade, je suppliais le ciel de m'épargner. J'étais bien sot alors, me croyant atteint d'un cancer du foie alors que je ne souffrais de rien du tout. Depuis 2005, j'ai tout intérêt à ce qu'il y ait un ailleurs, un au-delà, un Paradis, et ce qui me conforte à y croire est le fait d'avoir parfois « senti » Muriel me soutenir, en de rares occasions toutefois.

Ce nouvel an 2015, j'ai décidé de ne pas regarder de DVD, comme c'est mon habitude la plupart du temps. Sur TF1, j'ai choisi de voir « Les aventures extraordinaires d'Adèle Blanc-Sec » de Luc Besson avec Louise Bourgoin. A part la beauté de l'actrice, je me suis ennuyé. Le film date de 2010. C'est le genre de films que les Américains réussissent et les Français ratent, faute de moyens financiers. On a voulu ici jouer la carte de la dérision, de la parodie, et la mayonnaise ne prend pas. De toute façon, le cinéma américain lui-même ne m'enthousiasme plus, il a perdu sa magie, est devenu un spectacle pour mangeurs de pop-corn. James Bond, jadis enthousiasmant, bien que britannique, a perdu tout son charme depuis l'arrivée catastrophique de Daniel Craig en 2006. On veut faire des films sombres, à l'image du 11 septembre 2001, déjà les Batman ont montré la voie.

Quelle place aurait Muriel aujourd'hui dans le paysage audio-visuel, quoiqu'à soixante-douze ans, elle aurait pris une retraite méritée ? Elle n'était pas faite pour cette époque, pas davantage que moi. Les films français sont devenus ennuyeux, oubliant la magie de Belmondo, Delon, De Funès, Fernandel, Bourvil, Lino Ventura, Jean Gabin. Les comédies sont vulgaires et débiles, et Vincent Cassel peut remercier le sort d'être le fils de Jean-Pierre, sans cela, il m'aurait fort étonné qu'on l'engage pour jouer Jacques Mesrine. Il n'a aucun charisme, mais qui en a : Frank Dubosc ? Dany Boon ? Christian Clavier et Jean Reno ?

« Adèle Blanc-Sec » est adapté d'une bande dessinée. L'exercice n'est pas facile. Je me souviens des deux « Tintin » avec Jean-Pierre Talbot dans les années soixante qui étaient des désastres. Il n'y a plus de filles comme Muriel aujourd'hui. La gloire s'acquiert trop rapidement pour vite s'évanouir, notamment avec la téléréalité. Les comédiennes qui tournent des séries (Muriel en a fait cinq) sont sans doute plus médiatisées avec les technologies modernes, l'information immédiate, Internet. Je pense à Ingrid Chauvin qui a vécu des drames, Muriel en a eu aussi, mais à son époque, il était bien plus difficile de savoir ce que devenaient nos vedettes. Elles pouvaient mettre une chape de plomb sur leur sort.

La chaîne Histoire a eu la bonne idée de rediffuser « Les rois maudits », dans une copie remastérisée, l'image est bien supérieure au coffret mis en vente par TF1 vidéo dont les couleurs sont saturées et « bavent » parfois. Les deux épisodes avec Muriel sont repassés, les 20 et 27 décembre, ce qui m'a amusé, car en 1972, ils avaient été diffusés presque à la même époque, les 21 et 28 décembre. Cette rediffusion est soi-disant en hommage à la presque centenaire Hélène Duc qui vient de nous quitter.

J'ai pu parler avec elle, en 2010, au téléphone, lui demandant de me recevoir, ce qu'elle a refusé. J'ignorais la maladie de sa fille, la comédienne Elisabeth Catroux, depuis décédée le 22 juin 2013. Hélène Duc m'a adressé deux charmantes lettres depuis 2005, elle est ravie de ma fidélité à celle dont elle écorche le prénom, en l'appelant « Murielle ». Elle m'a écrit que des carrières comme la sienne, je parle d'Hélène Duc, dépendent des fidélités de spectateurs comme moi. André Falcon, que je n'ai malheureusement connu que durant les trois dernières années de sa vie, me parlait et m'écrivait de cette façon.

Christian Marin lui me manque. Il ne savait pas grand-chose sur Muriel, mais il était d'une gentillesse extrême, au point de m'appeler lui-même au téléphone ayant compris que j'étais timide. Son décès a été un coup dur car il m'aidait dans mes recherches, ayant joué deux fois avec Muriel, dans « Les chevaliers du ciel » puis dans un film dont il ne se rappelait rien : « Le mois le plus beau ». J'ai cru, un temps, que Bernard Rousselet allait être un substitut de Marin, pour l'aide qu'il m'a apporté à mon deuxième livre, « La vie, quelle gifle ! », mais je me suis trompé. Il m'a livré des informations sur le tournage des « Dernières volontés de Richard Lagrange », l'un des feuilletons de Muriel, mais ne m'a plus donné signe de vie et ce n'est pas mon genre d'harceler les gens. Christian Marin se serait coupé en quatre pour me trouver une information inédite sur Muriel, mais malheureusement, sa bonne volonté ne suffisait pas.

2 janvier

Pas de DVD non plus ce soir, ma mère, avec laquelle je vis depuis mon divorce, adore Jean-Pierre Foucault qui propose « Qui veut gagner des millions ? ». Voilà un monsieur pour lequel je n'ai guère de sympathie. En 2007, je lui ai écrit à Carry Le Rouet pour qu'il m'aide à trouver un éditeur pour « La reine foudroyée ». Fâché d'être dérangé par un importun, il m'a répondu assez sèchement : « Vous me demandez de vous aider à vous ouvrir les portes du monde de l'édition, ce n'est pas mon métier, ce n'est pas mon domaine. J'espère que vous ne m'en tiendrez pas rigueur ». Sa lettre, datée du 31 janvier 2007, a été expédiée de Paris, à l'enseigne de la société « Parasol productions ».

Il est certain que lorsque vous vous voulez publier un livre, Monsieur Foucault, vous n'avez aucun problème pour dénicher un éditeur en raison de votre notoriété. Albin Michel, Calmann-Lévy et l'incontournable Michel Lafon, éditeur de toutes les stars de TF1, de ceux qui écrivent leurs livres tous seuls, ou ont recours à des nègres. Michel Lafon m'a gentiment fait savoir de ne pas leur envoyer de manuscrits, ils ont des agents de prospection qui se chargent eux même de trouver les auteurs et les livres à écrire, dont acte.

Dans le même genre, j'ai eu une lettre de Patrick Poivre d'Arvor, plus sympathique, le 7 février 2007. L'enveloppe et la lettre sont à en tête de TF1. « J'ai bien reçu votre courrier et je vous en remercie. Il m'est malheureusement impossible de porter sur votre manuscrit un jugement tant que j'anime l'émission « Vol de nuit ». Il est trop difficile d'être juge et partie. Je souhaite très vivement pour vous que ce projet puisse voir le jour. Je vous adresse à cet effet une liste d'éditeurs qui, je l'espère, pourront vous aider plus directement ». Suit une liste de grands éditeurs comme Calmann-Lévy, Fayard, Albin Michel, Actes Sud, Flammarion, Gallimard. Il est évident que tous ces éditeurs font partie des 40 et quelques que j'ai contacté dès 2006 et qui à l'unisson m'ont refusé. Je sais depuis que 99% des manuscrits ne sont pas lus dans les grandes maisons d'éditions lorsqu'ils sont envoyés de façon anonyme, sans recommandation.

Mais en soit, le problème est que Muriel Baptiste, totalement oubliée, n'est pas un sujet vendeur. On ne compte plus les livres sur les vedettes de la téléréalité, qu'ils n'ont pour la plupart par écrits eux-mêmes, ne maîtrisant que le langage SMS. Mais c'est vendeur. Le public a les livres qu'il mérite.

3 janvier

Sur la chaîne Histoire, à 22h30, troisième épisode des « Rois maudits » : « Les poisons de la couronne ». Heureusement que c'est un samedi, cela me permet d'enregistrer l'épisode en direct, sans les aléas de la programmation.

Je me rends compte que par rapport à quelques années auparavant, je reçois très peu de cartes de vœux. J'avais prévu beaucoup de timbres et de cartes, et finalement je n'ai que quelques réponses à faire. Il y a ceux qui sont morts, ceux que l'on a perdu de vue, la famille qui diminue. Les cartes de vœux sont aussi victimes d'Internet remplacées par les messages virtuels. Pour moi, cela n'a pas le même charme. C'est pour cela que je préfèrerai toujours un livre ou un disque à un téléchargement.

Aux informations, j'entends qu'en Espagne le parti Podemos a le vent en poupe. C'est le mouvement des indignés, qui suit les traces des grecs.

4 janvier

Chaque dimanche soir, je regarde précisément la comédienne Muriel Baptiste sur des DVD à la télévision. A part la rediffusion des « Rois maudits », qui est un peu un cas exceptionnel, il ne faut pas compter sur les chaînes d'aujourd'hui pour nous proposer des programmes avec elle. L'auteur de la biographie de Bernard Noël, le premier Vidocq, écrivait la même chose il y a dix ans ou presque, sur le comédien disparu. Le dimanche est le soir de Muriel. Elle nous laisse un héritage limité mais je m'en contente. Je n'ai jamais vu d'elle le très rare film « Le mois le plus beau », sorti en juin 1968, diffusé une seule fois à la télévision en 1984 à mon insu. A cette époque, je prenais mon indépendance loin du cocon familial, je n'étais pas tous les soirs scotché devant mon écran de télévision.

Pourtant, Muriel m'aura suivi toute ma vie.

6 janvier

Pino Daniele est mort le 4 janvier, je l'apprends deux jours après. Si en France, il est depuis longtemps oublié, après avoir publié ses premiers albums en pressage français en plus des éditions de son pays, et participé au Printemps de Bourges en 1985, il est resté un de mes artistes favoris, même si la cadence avec laquelle ce napolitain sort des albums m'a empêché de tous les acheter. Pino n'a que 59 ans, et si la nouvelle passe inaperçue dans l'Hexagone, toute l'Italie, Naples en premier, est en deuil. Bien sûr, je pense tout de suite à un cancer, mais en fait l'artiste a succombé à une crise cardiaque.

Il avait encore beaucoup à offrir, de musiques à composer, même si ces dernières années, il avait un peu ralenti le rythme des sorties d'albums, sans doute en raison de la crise de l'industrie du disque. C'est une grande perte pour le monde de la musique, mais comme pour Lucio Dalla, la France n'en fait pas cas.

Ce napolitain qui par sa corpulence me rappelait parfois un peu Zucchero avait réussi à construire une carrière durable, à la différence d'un autre napolitain de sa génération que j'aime beaucoup, Alan Sorrenti, qui ne sort plus de disques et se produit, en Italie, dans des discothèques. Pino lui remplissait les stades. Voilà une année qui commence bien mal.

Depuis que j'ai appris, en novembre 2005, la mort de Muriel, le décès d'un artiste, s'il m'attriste, ne me cause jamais la peine qu'elle me causait avant. J'ai été choqué par les disparitions de Michel Berger, Nino Ferrer, C Jérome et Sacha Distel, sur une période qui va donc de 1992 à 2004. Mais depuis Muriel, une disparition d'artiste n'a plus le même effet sur moi. Je ne dis pas que cela me laisse indifférent, surtout dans le cas de quelqu'un comme Daniele qui avait encore des choses à offrir. Mais le choc n'est plus le même, la nouvelle de la mort de Muriel m'a trop secoué.

7 janvier

Tandis que je suis au bureau, ayant mangé assez tôt et n'ayant pas vu les informations sur France 3 à midi, j'apprends par une collègue, qui le voit sur Internet, qu'il y a une fusillade dans Paris, que Cabu, Wolinski, sont morts. Je ne comprends pas sur le champ que c'est un attentat.

On se souvient toujours où l'on était quand tel ou tel évènement est arrivé. Je suis épouvanté par ce fanatisme, et je vais m'abonner à Charlie Hebdo pour six mois Très rapidement, je ne le lirai plus, car cela ne m'intéresse guère, c'était un geste de soutien à la liberté d'expression. L'attentat en soit ne me surprend pas après l'enlèvement et la décapitation du guide Hervé Gourdel en Algérie le 24 septembre 2014. Ces terroristes me semblent d'autant plus déments que « Charlie Hebdo » me paraît bien en dessous de sa réputation sulfureuse : des dessins, mais comme je l'ai dit, je me lasserai vite de la lecture. Je n'ai pas dû terminer un seul numéro.

Que l'on tue au nom d'un Dieu qui a toutes les chances de ne pas exister (Allah et Dieu sont-ils une seule et même entité ?) me sidère et m'inclinerait à être athée, si je n'avais pas autant envie après ma mort de retrouver Muriel.

Au fond, cet attentat me fait me poser de nouveau la question de l'existence de Dieu. J'aimerais tant croire, mais mon esprit rationnel hésite. Je suis rassuré lorsque je vois les foules à Rome devant le Pape, ou bien lorsque Robert Hossein et Michael Lonsdale parlent de leur foi. Mais Dieu se conjugue mal avec les découvertes de la science.

8 janvier

Je ne comprends pas mes camarades de la CGT qui s'évertuent à défendre Thierry Lepaon. Pour moi, cet homme fait du tort à son syndicat. Une militante que je connais pense que c'est une machination du NPA, le parti de Besancenot, qui aurait livré des informations au

« Canard Enchaîné » parce-que le secrétaire national de la CGT n'a pas une ligne assez dure, révolutionnaire.

9 janvier

C'est l'assaut en Seine et Marne à Dammartin-en-Goële et la mort des frères Kouachi. Voilà une année qui commence dans le sang et la violence, mais ce qui m'écœure, et n'est pas nouveau, c'est que cela fait l'objet d'un véritable spectacle sur les chaînes de télévision qui multiplient les éditions spéciales, comme pour le 11 septembre 2001.

Je me demande parfois si les journalistes ne souhaitent pas un peu ce genre d'évènements pour les couvrir à satiété.

Jean-Pierre Foucault, encore lui, présente un « Qui veut gagner des millions ? » spécial pièces jaunes. Ma mère l'aime bien. Je jette un coup d'œil distraitement à la télévision tout en me focalisant sur mon ordinateur, en véritable accroc d'Internet.

10 janvier

Sur la chaîne histoire, quatrième épisode des « Rois maudits », « La loi des mâles », porté par le magnifique acteur catalan José-Maria Flotats qui n'a pas eu la carrière qu'il méritait. On le retrouvait sur TF1 en 1980 dans une série de science-fiction française fauchée, ce qui est un pléonasme. Je me demande bien ce qui lui prit d'aller se mettre, avec l'excellent François Chaumette, dans une telle galère.

11 janvier

Grande marche républicaine après les attentats, mais le moins que l'on puisse dire est que la participation des musulmans à celle-ci reste très discrète. On assiste à une récupération de toutes parts de l'émotion collective. Je n'ai pas été à la manifestation, une marche.

12 janvier

Fin du cauchemar, Claire récupère la garde de son enfant, le jugement en appel vient de tomber, mettant un terme à sept mois d'angoisse. Je l'apprends à 16h43, sur mon téléphone portable, par un SMS.

Saint-Maurice L'exil, 16 janvier

Je participe avec deux camarades à un séminaire culturel de la CGT. Je découvre des intellectuels déconnectés de la réalité. La journée a été agréable. Ce sont de beaux discours, mais la réalité est que le Français moyen regarde TF1. La volonté de vouloir démocratiser la culture est louable, mais à mes yeux, c'est une entreprise vouée à l'échec. L'époque n'est pas curieuse.

Ce séminaire est organisé avec la commune voisine de Salaise sur Sanne par la CGT. Le changement de majorité aux dernières municipales (de gauche à droite) a entraîné la perte des subventions de l'association « Culture et partage », dont des membres avec l'assentiment des organisateurs viennent manifester pacifiquement. Il y avait lors de ce séminaire une première partie consacrée à une conférence, puis la participation à des ateliers de discussion avec un compte rendu à partir de 15h00. Nous sommes obligés à chaque fois de changer de bâtiment sous une pluie battante.

Valence, 17 janvier

Cinquième épisode des « Rois maudits » : « La louve de France », celui que j'aime le moins car il se passe en Angleterre. Seul intérêt pour moi, un court flash-back flouté montrant Muriel Baptiste en Marguerite de Bourgogne.

19 janvier

On peut noter que je regarde assez peu la télévision, mais ce soir-là, Mireille Dumas propose « Qui êtes-vous Michel Sardou ? ». J'apprends que début 1976, en pleine polémique sur la peine de mort, on a tiré sur sa voiture lorsqu'il chantait « Je suis pour ». La chose semble démente. Sinon, Sardou, artiste devenu consensuel, est décevant ayant dédramatisé le personnage provocateur qu'il fut, à la façon d'autres avant lui comme Jean Yanne,

Jacques Martin et Thierry Ardisson. Forcément, on est déçu au terme de l'émission. Sardou m'a parfois plu, parfois horripilé, maintenant il me laisse indifférent.

21 janvier

Depuis l'école, je déteste les visites médicales. Il n'y en a plus souvent heureusement, et je suis tranquille pour un moment. J'ai cependant dû m'y soumettre aujourd'hui. C'est une phobie inexplicable, il est bien plus pénible d'aller au dentiste.

24 janvier

Fin des « Rois maudits » sur la chaîne Histoire avec « Le lis et le lion », qui n'est pas très fidèle au roman de Druon. Par exemple, la scène de l'agonie de Robert d'Artois où il regrette l'assassinat de Marguerite ne figure pas dans le livre. Le destin du fils de Louis X le Hutin, le petit roi sauvé par Hugues de Bouville et sa femme et échangé avec le fils de Marie de Cressay et de Guccio Baglioni, très développé dans le roman, n'est pas abordé par le réalisateur Claude Barma. J'en veux cependant beaucoup à ce dernier de nous avoir privé d'une scène que Muriel aurait dû jouer dans « Le roi de fer », lorsque Philippe d'Aunay, amant de Marguerite, se rend à son hôtel en tant qu'écuyer du comte Philippe (second fils de Philippe Le bel) pour lui délivrer un message de la part de Jeanne de Bourgogne, son épouse. Druon déclare que

Marguerite se prélasse les pieds nus sur son lit et reçoit l'écuyer de façon peu protocolaire et décente. On imagine bien Muriel dans cette scène, que Barma a choisi d'éluder.

25 janvier

Avec Demis Roussos, c'est la deuxième disparition de l'année d'un chanteur dont j'ai des CD, et que j'ai vu en concert dans l'église Sainte Catherine à Valence en 1992. La différence, par rapport à Pino Daniele, est le fait qu'il n'aurait plus sorti de d'albums, le dernier datant de 2009. Je le croyais plus âgé, il n'avait que 68 ans.

Je dois dire que la disparition de Demis ne m'a pas affectée sur le champ, son dernier album très singulier, « Demis », de 2009, avait peu tourné sur ma platine et je l'avais un peu perdu de vue. C'est avec le recul que l'on se rend compte que c'est une partie de notre enfance qui s'en va, le créateur de « Rain and tears » avec les Aphrodite's Childs (dont Vangelis, membre du groupe, est toujours actif en faisant une carrière solo) a fait une belle carrière, qui a quand même mieux commencé qu'elle n'a fini. Mais pour un grec, à part aux Etats-Unis protectionnistes, il a sorti des disques un peu partout.

Demis avait fait sa première chanson en français au printemps 1973 pour la bande originale du feuilleton « Le jeune Fabre » avec Mehdi et Véronique Jannot, époque bénie pour moi car Muriel multipliait les apparitions à la télévision.

26 janvier

Au bureau, ironie des jeunes collègues sur la mort de Demis Roussos. Pauvres filles, croient-elles que leurs artistes d'aujourd'hui, qui ne font plus que de courtes carrières, ne seront pas totalement oubliés le jour de leur disparition ?

Cela dit, c'est malheureusement ce qui est arrivé à Muriel, mais pas à elle seule, les comédiens – par extension les chanteurs - comme le disait Christian Marin citant Pierre Fresnay, ont leur nom écrit à la craie sur le tableau noir du temps qui s'efface. Je regarde Muriel chaque dimanche sur des DVD mais qui pense encore à elle en 2015, vingtième année de sa mort ?

Chaque heure qui passe je pense à elle, c'est exactement comme si elle était en vie, près de moi, et je pense qu'il en sera ainsi jusqu'au jour de ma mort. Muriel dont je viens d'éditer la biographie complète « La vie quelle gifle ! » ne semble pas pressée que je la rejoigne. Souvent j'ai le sentiment qu'elle me suggère « parle encore de moi et le public se souviendra ». Je fais tous les efforts que je peux en ce sens. Je ne me contente pas de regarder en boucle ses feuilletons le dimanche en DVD, j'écris encore et toujours sur elle. J'écris partout, sur des blogs, dans des livres publiés à compte d'auteur. Elle le mérite. Aimer

Muriel est la plus belle chose qui me soit arrivée. Je ne le regretterai jamais.

Le temps et les décennies filent mais mon cœur est resté quelque part en 1973, lorsqu'elle était à l'apogée de sa carrière. C'est une chose donnée à peu de gens d'aimer comme cela. Même la mort n'aura pas anéanti la flamme. Muriel me donne envie de croire qu'il y a quelque chose après la vie. Elle est si présente en moi, dans mon cœur, dans ma tête.

Il y a grève aujourd'hui, mais la CGT seule, avec Solidaires et FSU en a décidé ainsi, et de ce fait, nous ne sommes pas nombreux dans la rue. Les militants FO et CFDT resteront chez eux.

31 janvier

Mon rhume, qui a débuté le 23 décembre, dure depuis plus d'un mois, alors que je me soigne. Toux, mal à la gorge. Cela passera bien, mais jamais un rhume n'aura duré si longtemps chez moi.

Un ami suggère que ce n'est pas normal et que cela pourrait être une allergie.

Il y a longtemps que nous n'avons pas eu un hiver aussi froid. Les comprimés d'Actifed et le sirop Toplexil sont bien impuissants à me remettre d'aplomb.

Déçu le soir par une émission sur deux artistes que j'adore, « Adamo et Bécaud, le grand show », en raison d'un Michel Drucker omniprésent et surtout d'invités horripilants comme Calogero, Vincent Niclo, Dany Brillant. Quand on lui consacre une émission spéciale, Adamo se fait toujours avoir, ce fut déjà le cas chez Patrick Sébastien, il n'engendre plus l'audience de jadis, aussi est-il noyé dans un flot d'invités inintéressants, d'artistes à la mode qui reprennent ses titres, souvent de façon catastrophique.

Le dernier tube de Salvatore date de 1975, « C'est ma vie », il a beau avoir sorti depuis un album tous les deux ou trois ans, malgré des soucis de santé, le public en est resté à ses premières bluettes des années 60. Voilà un artiste qui a plus de succès au Japon qu'en France où il n'est pas estimé à sa juste valeur.

Pourtant, au fil des ans, le public est passé à côté de forts belles chansons, et ce dès 1977 (« Si tu étais »), à 1982 (le dynamique « Puzzle »). Il a eu beau creuser les sillons de son talent à longueur d'albums comme « Regards », « Avec des si », « Pauvre liberté », « Par les temps qui courent », « Zanzibar », le grand public, en dehors des fidèles, n'a pas suivi. Lorsqu'il vient à la télévision, on le contraint à chanter « Vous permettez Monsieur ? » ou « Laisse mes mains sur tes hanches ». C'est lamentable, mais le cas n'est pas unique. Lorsqu'un chanteur français des années soixante ou soixante-dix est invité dans une émission, il est contraint d'interpréter un medley de ses succès et ne peut que chanter qu'un couplet de son nouveau titre, que les gens ne risquent ainsi pas de connaître. On a de cette façon complètement occulté le retour (qui aurait dû être triomphal) de François Valéry en 2014 dont l'album était une merveille, en lui faisant à chaque fois chanter « Aimons-nous vivant » au lieu de son nouveau titre « Nos D'J's font danser le monde ». Herbert Léonard s'est plaint aussi d'un traitement semblable la même année lorsqu'il a sorti un album de chansons inédites, « Demi-tour ».

1er février

Je regarde Muriel dans « Les risques du métier » en DVD. Normal, c'est dimanche. De toute façon, le film du dimanche soir de TF1 était un Stallone : « Expandables 2 : Unité spéciale », je ne rate rien. Celui de la 2, « L'étrange histoire de Benjamin Button » valait peut-être mieux, tant pis.

2 février

Ma mère a une bronchite ce qui est dangereux vu son âge avancé. Sa doctoresse est venue la voir et la mettre sous antibiotiques.

Le soir, deux extrêmes dans les programmes : la débile « Joséphine Ange Gardien » et les ennuyeuses, enfin selon moi, 22e victoires de la musique classique. Une soirée à se mettre devant un bon livre.

J'ai hâte comme chaque année de voir le festival de la chanson italienne à San Remo, d'autant plus qu'il y a une grande vedette cette année, Nek, qui s'appelle en réalité Filippo Neviani, et a fait un gros succès en France en 1997 avec « Laura non c'è ». Il y a aussi Raf (créateur du tube mondial « Self control » en 1984), Marco Masini et Anna Tatangelo.

Viviers, 3 février

Je vais rendre visite à Claire et à mes petits-enfants. Une bonne journée en famille qui est mon côté Janus, le père et le grand-père traditionnel et affectueux, même homme qui est beaucoup plus isolé lorsqu'il pense à Muriel et écrit sur elle. Par contre, il faisait froid et nous n'avons pas pu me promener. Nous étions frustrés de ne pas pouvoir sortir. J'ai alors l'idée d'emmener les prochaines fois Lucas au cinéma.

Valence, 5 février

J'ai dû faire venir un artisan pour réparer une porte fenêtre endommagée, qui m'a pris horriblement cher. Mais je n'ai jamais été bricoleur de ma vie.

Les élections cantonales de la MSA (Mutualité Sociale Agricole) ont eu lieu et je ne sais pas si je suis élu. L'effet Lepaon a été désastreux sur les votes, du moins c'est mon opinion. La CGT a perdu des suffrages.

Pourquoi me prendre la tête avec la CGT quand il me suffit de penser à Muriel pour être heureux ? Le souvenir du bonheur est encore du bonheur, et le passé est n'est pas oublié, présent, avec ma chère Muriel.

Par la magie des images, Muriel est toujours là. Elle fait partie de mon quotidien. A ce titre, elle a énormément de privilèges par rapport à un proche qui aurait disparu, je peux la voir et la revoir, elle ne vieillit pas. Que ce soit en infirmière Geneviève Lagrange, en journaliste Pierrette Vanier, en petite gitane Annunciata Vidal. Muriel est toutes ces femmes et bien d'autres, dans des rôles plus ou moins intéressants. Lorsque je regarde les DVD, je fais généralement autre chose, puisque je les connais par cœur. Je mets simplement, via le poste de télévision, Muriel dans mon salon, avec sa voix, son sourire, son visage, ses yeux, sa chevelure. Muriel est à la fois mon soleil et la plus grande tristesse de ma vie.

6 février

Je suis pris en cas de flagrante contradiction : je dis ne pas aimer TF1 et je regarde l'émission anniversaire « TF1, 40 ans d'émotions partagées ». Au final, une émission décevante, qui rappelle quelques bons moments (« Le jeu de la vérité ») mais aussi des choses très oubliables.

Muriel n'apparaît jamais dans les rétrospectives télévisées, bon elle a arrêté sa carrière un an avant la création de TF1 et ce soir je ne risquais pas de la voir. Mais dans les autres émissions, si l'on revoit Denise Fabre, Claude François ou je ne sais plus qui, Muriel n'est jamais présente, comme si elle n'avait pas existé artistiquement parlant. Elle a pourtant fait « La princesse du rail » et « Les rois maudits ». Je trouve cela injuste. Ce n'est pas avec mes livres et mon blog que le grand public se rappellera d'elle. J'agis à mon modeste niveau, qui est nettement insuffisant.

Muriel, je voudrais tant te rendre ta gloire passée, faire qu'en 2015, des gens se souviennent de toi. Tu as eu du succès en ton temps. On me répondra que tout le monde a oublié Karin Petersen, sa « Dame de Monsoreau » et son destin effroyable (viol et suicide). Le public ne peut pas à la fois suivre les vedettes de la téléréalité et penser à l'âge d'or de la télévision, à ses joyaux, aux actrices héroïnes de jadis.

Bien sûr, des tas de téléspectateurs n'étaient pas nés à l'époque de Muriel mais tant d'autres artistes sont passés à la postérité. Je ne me consolerai jamais qu'il n'en soit pas ainsi pour elle, alors que l'on rediffuse chaque année tous les succès de De Funès.

Vivre avec une morte pourrait paraître morbide, ce ne l'est pas. Muriel par l'amour que je lui porte est toujours là.

10 février

Depuis le début des années 80, je suis le festival de San Remo, avant à la radio, maintenant à la télévision sur RAI UNO. Nek a chanté ce soir « Fatti avanti amore » qui est un tube comme je n'en ai pas entendu de la part des italiens depuis des années, c'est de la veine de « Gloria » d'Umberto Tozzi ou des premiers succès d'Eros Ramazzotti. Je suis sûr qu'il va gagner. Ce ne serait pas la première fois que je devine le vainqueur dès la première soirée du festival, cela m'est arrivé en 2012 avec Emma Marrone, une petite nouvelle (devenue depuis numéro un en Italie) lorsqu'elle a chanté « Non è l'inferno ».

Ce serait une injustice que Nek ne gagne pas, car le reste des participants ne propose rien de formidable : Lara Fabian chante « Voce » écrit par Toto Cutugno, Marco Masini « Che giorno è », vraiment pas à la hauteur de son répertoire, Raf « Come una favola » est encore un cran au-dessous, et Anna Tatangelo, dont j'avais beaucoup aimé « Bastardo » au festival 2011 (elle n'avait pas gagné), nous offre un titre mineur avec « Libera ».

J'ai deux fois deviné qui allait gagner des concours : Emma Marrone en 2011 à San Remo, et Valérie Bègue dès que je l'ai vue au concours Miss France le 8 décembre 2007. Je me suis trompé souvent aussi, en pensant par exemple que Muriel allait devenir une star.

J'avais peur que Muriel, à une certaine époque (1972-73), m'échappe, qu'elle devienne aussi populaire que le sera dans les années suivantes Isabelle Adjani. Elle était déjà inaccessible, elle l'aurait été encore davantage. Je me suis hélas hasardé à faire un bien mauvais pronostic, dès 1974, elle sombrait dans l'oubli.

Mon raisonnement est certainement égoïste, mais quand on aime quelqu'un, on veut le garder pour soi. J'ai été écouté au-delà de toutes mes espérances, pour son malheur et le mien.

Corinne Le Poulain est morte aujourd'hui. Elle est arrivée avec la génération de Muriel sans être vraiment en concurrence avec elle. J'avoue qu'elle et sa sœur Vannick ne m'ont jamais séduit. Mais je comprends le chagrin de ceux qui ont pu aimer Corinne, jolie fille et bonne comédienne. En fait, elle a débuté en 1966, soit seulement deux ans après Muriel, a joué dans « Oscar » avec Louis de Funès au théâtre en 1971-72, puis a connu un succès fulgurant avec « Sam et Sally » en 1978 quand Muriel avait tout abandonné depuis longtemps. Je pensais dans les années 70 qu'elle était la fille de Jean Le Poulain, en fait, c'était sa nièce, le comédien était homosexuel. A l'époque, cela ne se disait pas.

Cela dit, Corinne n'a droit à aucun hommage, ce que ses admirateurs doivent trouver fort injuste. Et ça l'est, comme de mourir du cancer à 66 ans.

Pourquoi cette comédienne m'a toujours laissé indifférent alors que Muriel me met en transe ? Voilà un mystère. Pourquoi aimons- nous Pierre et pas Paul ?

J'ai toujours eu le sentiment que Muriel était unique en son genre. Dès février 1967 dans « La princesse du rail », je l'ai adorée. Le coup de foudre est une chose qui ne s'explique pas. Il aura duré dans mon cas jusqu'à aujourd'hui et sans doute jusqu'à ma mort. Muriel est pour moi une évidence, elle est la femme idéale. Je ne peux pas me consoler de sa mort car elle est irremplaçable, il n'y en a pas deux comme elle. Sa voix, sa prestance, son sourire sont uniques. Elle m'a empêché d'aimer toute autre femme avec la même intensité, car elle a pris toute la passion que j'avais en moi. Je l'ai cherchée toute ma vie.

11 février

Mort de Roger Hanin, je dois être le seul à avoir regardé « Navarro » en DVD une fois que la diffusion sur TF1 était terminée. La série comporte 108 épisodes de 1989 à 2007, tandis que l'édition des épisodes en DVD en kiosques a proposé 104 épisodes, laissant les quatre derniers invisibles, on se demande pourquoi. Ce fut une intégrale inachevée.

Hanin en dehors de cette série vue trop tard, après son moment de gloire, ne me laisse aucun souvenir. Beaucoup le détestent, il suffit de voir les forums sur Internet. Il doit s'en moquer depuis longtemps, car avant de mourir, il fut victime d'un AVC en 2009 et mis sous curatelle. Je ne peux pas pleurer tous les artistes qui partent, mais j'aurais dû regarder « Navarro » en 1989. En fait, le seul épisode que j'ai vu à l'époque est celui avec Gilbert Bécaud, « Fort Navarro ».

La deuxième soirée du festival de San Remo est la moins intéressante des quatre. Nek en est absent, et les artistes présents peu convaincants. La veille, l'évènement hors concours a été les retrouvailles de Romina Power et Al Bano, ce dernier plutôt tendu, ils sont divorcés depuis 1999 après s'être aimés puis déchirés suite à la mort (en fait la disparition) de leur fille majeure Ylenia, le jour de l'an 1994.

Entre eux, le cœur n'y est plus. Al Bano a écrit un livre où il égratignait Romina, qui l'a trompée sur le tournage du téléfilm « Le retour de Sandokan » en Inde en 1996. Le présentateur est obligé de dire à Al Bano d'embrasser Romina. Triste spectacle, qui rappelle le déchirement du couple Stéphanie et Michel Fugain après le décès de leur fille Laurette, la mère ayant reproché au père, à tort ou à raison, de « fuir ».

On pourrait me demander de quoi je me mêle, la vie de ces people ou artistes ne me regarde en rien, et je la connais à travers ce que la presse en a relaté.

On ne peut me faire ce reproche pour Muriel où j'ai été glaner chaque information moi-même une à une, car personne ne s'intéressait à elle. J'ai ainsi attendu des heures devant des trottoirs de maisons où elle avait habité, avant de trouver finalement un jour un témoin, d'être là au bon moment au bon endroit.

Muriel, je ne la connais pas par les journaux, ils n'en parlaient pas, et elle les évitait. Tout ce que je sais sur elle, je l'ai appris par ses voisins, par ses partenaires de films dans lesquels elle a joué.

J'ai retrouvé des documents, des papiers d'état civil, mais tout cela est dérisoire, Muriel, dont j'ai découvert certains secrets, me les confiera tous si nous avons la chance de nous retrouver après.

Muriel, si elle était là, en serait réduite, comme d'autres de sa génération, à jouer dans « Plus belle la vie ». La gloire de ceux qui ont continué après elle n'a pas toujours duré et leur a joué des mauvais tours. La chanteuse Colette Renard aurait-elle imaginé finir dans ce vide sidéral télévisuel ?

Muriel aurait sans doute su se retirer à temps, avant de faire le combat de trop. Mais elle n'a pas eu à le faire. Ce qui est certain, c'est qu'elle serait comme moi déçue par l'époque, son manque de créativité artistique, elle qui s'était tant donnée pour jouer Marguerite de Bourgogne.

12 février

San Remo encore et toujours…

Les chanteurs sont invités à interpréter la chanson d'un autre, une chanson célèbre, Lara Fabian choisit « Je suis malade », qu'elle reprend en italien, mais Nek a une idée de génie : faire une version moderne et à sa façon d'une très ancienne chanson de Mina, « Se Telefonando » qu'il enregistrera fort habilement sur son nouvel album à sortir en mars.

Je parle de Corinne Le Poulain avec un ami et réalise qu'elle n'a jamais fait de cinéma. Ce qui est faux, elle a tourné pour le grand écran plusieurs films oubliés depuis longtemps : « Un jeune couple » (1969), « La provocation » (1970), « La grande java » (1971), « Absences répétées » (1972), « Les anges » (1973). Sa vraie place était au théâtre de boulevard, et à la télévision. Dont le sinistre « Plus belle la vie ».

Le peu d'échos voire l'absence à sa disparition par les médias feront haïr Roger Hanin dont on parle beaucoup à ceux pour qui elle représentait ce que Muriel est pour moi.

Mais y-a-t-il vraiment beaucoup de gens qui sont entichés d'une actrice comme je le suis avec Muriel ?

13 février

J'ai eu la visite de ma fille, elle veut que ma mère assiste au baptême républicain de ses enfants le 9 mai. Ma mère dit oui mais pense la chose impossible, elle est en fauteuil roulant.

A San Remo, Nek rechante « Fatti avanti amore », tandis que Lara Fabian est éliminée de la compétition.

Nek a de très bons échos au festival et on peut logiquement penser qu'il va gagner. « Fatti avanti amore » me semble un tube encore plus fort que « Laura non c'è », celui de 1997.

J'ai toujours aimé les chanteurs italiens, qui sont pour moi synonyme de printemps, peut-être parce qu'Umberto Tozzi avait pris l'habitude au début de sa carrière, de 1977 à 1982, se sortir un album par an au mois de mai et qu'il nous enchantait à chaque fois avec des tubes à mi-chemin entre la pop et la variété.

Les chansons italiennes reflètent une atmosphère romantique. Dans les chansons d'amour, tout est possible, c'est l'amour comme il n'existe pas dans la réalité. C'est un peu mon histoire avec Muriel. Un rêve de l'amour tel que l'on aimerait qu'il soit mais n'est jamais ainsi dans la réalité. Cela relève du conte de fée, mais l'on n'en est pas conscient.

Muriel n'a jamais su que je l'aimais, ce n'était d'ailleurs pas son vrai prénom mais Yvette, chose qu'elle n'a jamais révélé de son vivant. Une façon pour elle de différencier sa carrière artistique et sa vie privée.

Lorsque je regarde ses DVD chaque dimanche, je trouve chaque fois une scène, un angle de prise de vue, un regard d'elle, une réplique, que je ne connaissais pas. Les témoignages filmés qu'elle me laisse, ses rôles, la rendent immortelle, elle est toujours là près de moi, soit dans le petit écran, soit dans mes pensées. Peu de gens me comprennent, mais ils ne vivent pas cet amour passion. Je continue de respirer, d'exister, en m'en voulant parfois d'avoir dépassé son âge à elle, 52 ans.

Muriel est aussi une époque, une nostalgie, que je maintiens au présent. Grâce à moi, elle continue en quelque sorte de vivre. Son âme, si l'on peut la qualifier ainsi, est près de moi. Elle ne me parle pas, mais certaines choses me sont suggérées.

Revenant de Clermont-Ferrand par un TER, après l'opération du cœur de mon petit-fils Lucas le 27 février 2014, je découvre des décors semblables à ceux de « La princesse du rail ». Qui m'a révélé, je ne l'ai pas inventé, qu'il n'existe plus de « temps » dans l'au-delà ? Que le Paradis est un champ en pleine nature, sur Terre, dans laquelle Muriel m'attend ?

Me croyant de nature pessimiste, je suis finalement le contraire. Dans ses journaux de 1999 à 2007, Pascal Sevran, profondément athée, ne pense pas une seconde que son grand amour Pascal ni aucun défunt ne peut voir les vivants. Chacun pense ce qu'il veut, mais j'ai ressenti parfois une chaleur dont je sais qu'elle vient de Muriel. Je suis persuadé que, de là où elle est, elle me voit et me protège.

14 février

Finale du 65e festival de San Remo et grosse déception, Nek arrivant deuxième et ratant de peu la victoire attribuée au groupe « Il volo », sans intérêt, qui représentera l'Italie à l'Eurovision. Je ne me fais pas de soucis pour Nek, vu la qualité de sa chanson, il vendra beaucoup de disques.

Avec Il volo, on sacrifie à la mode d'un trio qui évoque Il Divo ou chez nous Les prêtres. Trois jeunes qui mélangent musique classique et variétés dans un impossible rapprochement. C'est en fait de la variété, mais infiniment moins efficace que celle de Nek, qui beau joueur, les applaudit. Il a un physique d'Adonis, est célèbre depuis « Laura non c'è » et cette deuxième place n'est pas la fin du monde pour lui. Je doute que l'on se souvienne du trio « Il volo » dans quelques années.

On aura vu Nek présenté par Emma Marrone lors de cette finale lorsqu'il a chanté « Fatti avanti amore ». Deux artistes que j'adore, et Dieu sait que mes goûts ne me portent pas sur la nouvelle génération. Eux ont su poursuivre dans la veine de leurs aînés pour perpétuer la chanson italienne. Emma rappelle Gianna Nannini que je n'ai jamais vraiment appréciée, et Nek n'a plus rien à prouver, « Laura non c'è » qu'il a repris en duo avec la française Cerena l'a sans doute mis à l'abri du besoin jusqu'à la fin de ses jours. Comme beaucoup d'italiens, Nek sort ses albums en espagnol, notre triste France préfère les rappeurs aux chanteurs de charme italiens, c'est son problème. Il ne vient donc pas chez nous.

Le festival de San Remo créé en 1951 a servi de modèle au concours eurovision de la chanson. Ce concours eurovision qui ces dernières années est devenu une triste pantalonnade

Nek remporte trois titres ce soir-là : Le prix de la presse, le prix Lucio Dalla et le prix attribué par les musiciens du festival. Personne n'est dupe, le vrai vainqueur, c'est lui.

16 février

Je boude les programmes télévisés pour regarder en DVD, après avoir vu la veille Muriel Baptiste, la série « Banacek » avec George Peppard. Possédant la version américaine et la française, je constate avec le DVD français que l'ORTF a coupé vingt minutes dans le pilote « Les traces fantômes », un sacrilège car cette série tournée en 1972, à mi-chemin entre le policier et le fantastique, bénéficie de moyens exceptionnels dignes du cinéma et d'histoires et de mises en scène sublimes. Les épisodes durent 70 minutes et le pilote 90. Lors de la diffusion française en janvier 1974, l'ORTF a raccourci le pilote à la durée du reste des autres épisodes. Pauvres téléspectateurs hexagonaux, nous n'aurons vu à l'époque

que sept des dix-sept épisodes. Il est bien dommage que Peppard, grand acteur de cinéma (« Diamants sur canapé », « Le crépuscule des aigles ») ait choisi ensuite de nous laisser l'image lamentable de « L'agence tous risques », horrible série des années 80.

La télévision américaine n'a pas échappé à la chute abyssale de qualité qui au fil des décennies a frappé la production française. Si elle avait continué sa carrière, Muriel Baptiste n'aurait plus trouvé sa place dans ce fatras de feuilletons, films et téléfilms de plus en plus mauvais.

Pour un bon film de temps en temps comme « Ne le dis à personne » de Guillaume Canet d'après le best-seller d'Harlan Coben en 2006, que de navets.

« Banacek » a encore un public puisqu'une société a sorti en DVD en 2015 la série en France, avec un épisode sous-titré, n'ayant jamais fait l'objet d'un doublage. Il faut dire qu'après 1974, la majeure partie des inédits a été diffusée sur une chaîne du câble dans les années 90, 13e rue.

Je suis agréablement surpris par les ventes de mon livre « Muriel Baptiste, la vie, quelle gifle ! ». Je regarde régulièrement Amazon, ils en ont deux en stock, puis un, puis zéro, et à nouveau deux. Il se vend mieux que « Muriel Baptiste, la reine foudroyée ». Bien évidemment, je ne vais en vendre des centaines, mais je suis ravi pour Muriel, elle n'est pas complètement oubliée, pas tout à fait, il reste quelques fidèles, quelques curieux. Les livres, je ne les ai pas achetés moi-même, de véritables curieux ou nostalgiques, des téléspectateurs qui la connaissaient, ont fait l'effort d'acheter mon ouvrage. Je ne rentrerai évidemment pas dans mes fonds avec la somme énorme que m'a demandé Persée, l'éditeur à compte d'auteur. L'édition de ce type est parfois méprisée, mais sur un sujet aussi ciblé, on ne peut pas attirer une foule d'acheteurs. J'ai eu cependant le tort même si le livre possède 15 pages d'annexe de livrer trop d'extraits sur mon blog. Persée le vend 13 euros 70 centimes, somme qui peut rebuter l'acheteur hésitant. Persée m'a demandé trop cher pour publier l'ouvrage et je ne retournerai pas chez eux pour un prochain livre, je n'en ai pas les moyens. Mais les regrets ne servent à rien. Le livre est complet sur la carrière de Muriel, bien plus que « La reine foudroyée » que je vois proposé sur eBay.

Un anonyme prétend vendre lui aussi un livre sur Muriel, il s'agit en fait d'une compilation d'articles de Wikipédia dont je suis l'auteur. J'aurais tant aimé que d'autres, bien avant moi, et avec des moyens conséquents, des auteurs professionnels, se penchent sur le cas de Muriel. Mais elle est trop oubliée, alors que l'on trouve un pavé de 238 pages à l'occasion d'une biographie de Michel Delpech sortie en 2006 (avant sa maladie). Je l'ai feuilleté à l'époque sans l'acheter, « Michel Delpech : Mise à nu » de Pascal Louvrier, aux éditions du Rocher.

Wikipédia ne permet pas de se déclarer propriétaire des textes que l'on y met. Je ne regrette rien, j'ai créé celui de Muriel, évitant sans doute quelque chose de trop succinct. Il est facile de deviner que je fais tout cela de façon désintéressé, par amour.

Ce 16 février, tandis que je me prends la tête avec une histoire d'amour certes sincère mais hors du temps, 21 chrétiens coptes enlevés par l'état islamique sont décapités.

Je vis bien à l'abri dans un monde de bisounours, alors que la violence et la guerre, le sang et les prises d'otages se répandent partout. Je suis conscient de mon égoïsme. Je suis un privilégié. J'écris mon journal, sans le talent littéraire de Renaud Camus et de Pascal Sevran, tandis que le monde continue de tourner plutôt mal. Il est forcément plus confortable de se confiner dans les années 70. L'année 2015 n'a rien qui inspire à l'auteur d'écrire des proses romantiques. Le monde est devenu lentement mais sûrement apocalyptique. On se croirait dans un mauvais récit de science-fiction. Lorsque le ciné-jeunesse me proposait de voir une adaptation de « La machine à explorer le temps » dans les années 60, on voyait la fin du monde vers 1966. Elle est arrivée sur la pointe de pieds, par petites doses, commencée par les attentats de 1986 à Paris, ceux de 1995, le 11 septembre 2001, Madrid le 11 mars 2004. A la différence de 1914 et 1939, la guerre s'est déclarée sans s'officialiser, mais elle n'en est pas moins présente.

Cette guerre non déclarée, beaucoup dont mes camarades de la CGT refusent de la voir, contestent sa réalité. A ma façon, je fuis aussi en me réfugiant dans mon époque heureuse de 1973 où je réalisais la profondeur de mon amour pour Muriel Baptiste. Il ne faut pas faire « d'amalgame » selon ce qui a été proclamé lors de la marche républicaine du 11 janvier. Certains plus courageux que les autres, bravant le politiquement correct, comme Eric Zemmour et Renaud Camus, disent les choses sans fard. Ils sont aussitôt l'objet de l'opprobre consensuel.

En 1972-73, le monde était moins bien compliqué, avec ses bons et ses méchants. Il existait une machine du prêt à penser. « Dupont Lajoie » par exemple, film de 1975 réalisé par Yves Boisset, ne souffrait pas la contradiction. Il me semble que les choses sont aujourd'hui bien plus compliquées. J'aurais dû mourir en même temps que Muriel Baptiste. Paradis (je l'espère) ou néant absolu sont préférables à cette année désespérante. Je vis dans un Time Warp, une distorsion temporelle, un piège comme si ma vie s'étalait de juillet 1972 à avril 1973. En somme de la rediffusion de « La princesse du rail » à la fin du « Premier juré ». Un Time Warp digne de la science-fiction du film « Un jour sans fin ».

20 février

Entre deux « Banacek », je laisse ma mère regarder « Le grand concours des animateurs » présentée par Carole Rousseau sur TF1, pendant que je me réfugie sur Internet.

Si je peux concevoir que les chaines principales (TF1, France 2, France 3, M6) se laissent aller à la médiocrité ambiante, ma stupéfaction est grande devant l'indigence des chaînes thématiques qui pourraient proposer autre chose, n'étant pas soumises à la loi de l'audimat. Alors que je paie pour capter ces chaînes, par le biais d'un opérateur, elles m'infligent de la publicité. On ne gagne jamais assez d'argent en 2015.

On pourrait espérer sur Paris Première, W9, RTL9, TMC, Série Club, 13e rue, Téva, Jimmy, D17, 6Ter, TV Breizh, de revoir « Plainte contre X ». Hélas non, ces chaînes rediffusent la bouillie télévisuelle que l'on nous afflige sur les chaînes principales, je n'ose plus dire « hertziennes » depuis l'apparition de la TNT. Nous sommes partis pour des rediffusions en boucle de « Une femme d'honneur » et des séries américaines que l'on a manquées sur TF1 ou France 2. Enfin, selon moi, on n'a pas manqué grand-chose.

Anne-Marie David, que ma mère comparait à Muriel Baptiste, révèle qu'en 1973, lors du concours Eurovision, Interpol l'escortait en permanence jusque à l'accompagner lors du choix de sa robe car des menaces terroristes étaient présentes. N'avons-nous vécu toujours que dans le déni de la réalité ? Une réalité longtemps cachée aux masses et que l'état islamique et Al-Qaïda ont révélée au grand jour.

Ce passé de mon enfance si pacifique a-t-il seulement existé ? Au cœur de la France de Pompidou, quand Alain Chamfort chantait « L'amour en France », qui aurait-dit que nous n'étions pas dans un monde protégé de tout ce qui se déroule au grand jour en 2015 ?

Je me suis rendu aux funérailles du père d'une collègue de travail que j'estime beaucoup. Je me souviens qu'une voisine de Muriel m'a dit qu'en 1995, il n'y avait que trois personnes à l'enterrement de l'actrice.

22 février

« Plainte contre X » a un gros défaut : après nous avoir offert Muriel Baptiste pendant environ trois quart d'heure, on ne la voit plus du tout ensuite. Elle a pourtant le second rôle juste après Christiane Lénier dans ce téléfilm diffusé le 3 septembre 1966.

24 février

Plaisir coupable : j'aime bien Megan Fox, même si ces films laissent à désirer : au lieu de nous proposer des histoires d'amour torrides comme Angelina Jolie à laquelle on la compare souvent, genre « Péché originel » avec Antonio Banderas, remake de « La sirène du

Mississipi », elle œuvre dans des films pour enfants style « Ninja Turtles » que j'ai vu en salles et dont j'ai acheté le DVD sitôt sorti. Je ne cache pas que j'aimerais voir Megan Fox dans des films plus olé-olé, mais elle ne semble pas décidée à en tourner.

25 février

Je continue à égrener les « Banacek » sur mon petit écran avec le combiné VHS/DVD dont la partie VHS ne fonctionne plus depuis longtemps. J'ai dû demander à un magasin spécialisé de me transférer certaines précieuses VHS sur DVD, heureusement peu nombreuses car le coût s'avère onéreux.

Mais racheter un magnétoscope d'occasion dont ne sait combien de temps il durera est trop hasardeux. Je ne me sers que de la partie DVD du combiné. De toute façon, je possède toute la filmographie de Muriel en DVD à l'exception de l'introuvable film de Guy Blanc « Le mois le plus beau », les quelques rares VHS de Muriel que je possède ne me sont plus d'aucune utilité.

Le « Banacek » du jour est « Pièces uniques et en double », inédit en France, enfin non programmé en 1974. Je l'ai déjà vu sur mon ordinateur avec un DVD américain dont les sous-titres, même dans la langue de Shakespeare, m'ont été bien utiles pour comprendre. Car les énigmes dans cette série sont d'une complexité rare, à la façon de Sherlock Holmes.

La vitesse à laquelle la technologie évolue me donne le tournis. Ainsi, depuis début 2015, on ne trouve plus de matériel neuf avec une prise péritel, le système HDMI l'ayant remplacé. Mon téléviseur de 2004, qui n'est pas un « écran plat », est totalement dépassé, comme mon combiné VHS/DVD.

Il en a été ainsi du vinyle pour le CD, de la cassette VHS pour le DVD. Ne parlons pas des différents systèmes d'exploitation de Windows, auxquels je ne comprends rien, si ce n'est que la version Windows 8 est déroutante par son interface. Il faut installer le logiciel « Classic Shell » qui nous permet de retrouver les fonctions de Windows 7, enfin pour moi de XP qui ne marquait pas un changement radical d'une version à l'autre. J'ai brièvement eu un ordinateur avec Vista, qui paraît-il était un système d'exploitation désastreux, mais je n'y ai vu que du feu.

L'informatique est rassurante seulement quand elle sert à écrire ce journal et mes différents ouvrages sur Muriel Baptiste, moi qui préfère le clavier, en tapant des dix doigts, que le stylo bille.

Comme Pascal Sevran, je m'interroge parfois sur ce qu'il faut dire ou non dans un journal, Marcel Jouhandeau (dont je n'ai rien lu) racontait trop de choses selon Sevran. Les journaux de Renaud Camus (j'ai lu ceux de 2002 à

2009) sont trop longs, atteignant 500 à 600 pages. Ils prennent à eux seuls une part immense de ma bibliothèque. Je me demande pourquoi Camus (et peut-être Jouhandeau) racontent tout. Gallimard a sorti de façon posthume le journal 1966-1974 de Jean-Patrick Manchette qui est parfois décousu. Cela m'a permis de voir que nous n'avons pas aimé les mêmes choses, et en tout cas pas Muriel dont il ignorait sans doute l'existence. Mais il ne faisait pas un journal à rallonge comme Renaud Camus. Jules Roy non plus, en associant plusieurs décennies par journal.

Jouhandeau a sorti 28 « journaliers », allant de 1957 à 1974. Renaud Camus, après un journal isolé (1976-77) tient le sien de façon régulière depuis 1985, même si après « Vue d'œil », le journal 2012, il s'est vu congédier par son éditeur Fayard. Il continue de les rédiger sur son site internet. Mais à compter de 2013, on ne les trouve plus en librairie.

J'en suis à mon troisième, mais les deux premiers, « Les forêts de Normandie, journal 1972 » et « La passion pour Muriel Baptiste, journal 1973-74 » ont été écrit après coup et sont plus des reconstitutions qu'autre chose. En épaisseur, ils sont squelettiques puisque seules les dates importantes et marquantes y sont retranscrites.

Les journaux, y compris celui-ci, sont une façon de continuer à écrire sur Muriel Baptiste sans en donner trop l'impression. Qui pourra un jour comprendre qu'elle m'accompagne au quotidien rien qu'en pensant à elle ?

Ce jour-là, Persée m'écrit que je n'ai vendu que 18 livres, ce qui est quand même une déception. En surveillant chaque jour Amazon, je pensais avoir séduit davantage de lecteurs. Je reçois donc un chèque 53.76 euros, alors qu'il m'en a été demandé près de 3000 (avec les options facultatives correction et insertion de photos et documents) pour le faire publier.

27 février

J'avais envisagé d'aller voir « 50 nuances de Grey » au cinéma. Il est sorti depuis le 11 février. Mais je ne suis pas arrivé à terminer le livre, et pour moi ce serait du temps perdu. Ce film est un « non-évènement » typique.

28 février

Dans la presse, on peut lire que Roger Hanin était ruiné, comme Eddie Barclay. Vu le nombre de films et d'épisodes de « Navarro » qu'il a tourné, on se demande comment Hanin a pu en arriver là. Il s'en moque maintenant, il a été inhumé à Alger là où repose son père, une sorte de retour aux sources sur sa terre natale.

3 mars

Conséquences des attentats de Charlie Hebdo, la police est présente à la mairie de Valence, il faut montrer patte blanche à l'entrée, afin d'y faire la moindre formalité administrative. Le climat n'est vraiment pas à la détente, je n'ai jamais vu la mairie de Valence comme cela.

6 mars

J'ai reçu le cd de Nek « Prima di parlare », qui comporte le hit de San Remo, « Fatti avanti amore », et il passe en boucle sur ma platine.

13 mars

Je suis inquiet m'étant trouvé une excroissance de chair bizarre, mais visiblement, cela ne préoccupe pas mon médecin traitant qui ne m'a donné rendez-vous que lundi à 17 heures. Il faudra sans doute que je consulte un dermatologue.

On nous rabat tellement les oreilles avec les cancers de la peau que l'on en voit partout.

Le spectacle des Enfoirés pour les restos du cœur sont de plus en plus pathétiques. Qui arrêtera ce massacre ? Je me fiche de savoir que c'est pour une bonne cause, artistiquement c'est d'une nullité affligeante. Il est pitoyable que Jean-Jacques Goldman cautionne cela. Il ne sort plus d'albums depuis 2001, depuis l'album « Chansons pour les pieds », mais croit-il servir la musique avec ces shows chantés faux par des comédiens et des humoristes mêlés à de véritables interprètes ?

14 mars

Quel hommage catastrophique Drucker a voulu rendre à Jean Ferrat en faisant interpréter ses chansons par la nouvelle génération. Une désolation pure et simple.

15 mars

Visite de ma fille pour ma fête, dans deux jours, la Saint Patrick. Elle m'a offert deux livres : une biographie d'Eric Clapton et un beau livre sur le tournage du James Bond « Quantum of solace ».

En lisant la presse, j'apprends que le cancer de Michel Delpech a récidivé, il pense qu'il va s'en sortir, mais qu'il ne pourra plus chanter. Triste.

16 mars

Le mélanome et la consultation chez un dermatologue seront pour une prochaine fois : le généraliste me dit que j'ai un pendulum. Une tumeur bénigne, rien à craindre. Le médecin était un brin moqueur devant mon appréhension.

22 mars

Elections départementales, personne au bureau de vote, les Français se dépassionnent de la politique à un point vertigineux. J'attendais un raz de marée FN après les attentats de Charlie Hebdo, ce n'est pas le cas.

Montélimar, 25 mars

J'emmène pour la première fois mon petit-fils au cinéma, le film s'intitule « Les nouveaux héros », c'est ma fille qui nous a déposés devant le cinéma, nous évitant de chercher une place de parking.

C'est une production Disney qui utilise des personnages de Marvel. Je trouve cela un peu violent pour un enfant de presque de sept ans et demi. C'est Henry Jackman qui a composé la musique, je le connais car il a signé la partition de « Captain America, le soldat de l'hiver ».

En cette saison encore frisquette, le choix d'aller au cinéma est un moyen de distraire mon petit-fils assez opportun. Et puis cela créée une complicité, nous irons voir d'autres films au cinéma ensemble.

Je me sens très fier et heureux dans mon rôle de grand-père. J'en profite car je sais que le temps passe vite, je l'ai constaté avec ma fille.

Valence, 27 mars

Il est rare que je dise du bien des séries télévisées d'aujourd'hui, mais Scott Bakula, depuis « Code Quantum », est capable de me faire regarder tout ce qu'il fait. Sa nouvelle série policière, « NCIS Nouvelle Orléans » permet de le retrouver, enfin, elle ne commence que vendredi prochain, là nous le voyons dans le pilote qui est intégré à la franchise « NCIS » que je n'ai jamais regardée avant qu'il n'y figure.

29 mars

Encore moins de monde au bureau de vote que la semaine dernière, il ne reste que deux candidats en lice. Ceux qui tiennent le bureau de vote doivent trouver la journée longue.

Le soir, comme chaque dimanche, je regarde des DVD de Muriel Baptiste.

31 mars

Il fait 24 degrés à Valence. Le mois de mars a filé trop vite. Où est celui de 1973 ? Au fond, les saisons et les années qui défilent n'ont plus d'importance.

4 avril

François Valéry après des années d'absence a sorti en 2014 un album exceptionnel, mais aux « Années bonheur » de Patrick Sébastien, on lui fait chanter ses tubes du passé et seulement une bribe de « Nos DJ's font danser le monde ». Ce n'est pas ainsi qu'il fera reparler de lui et que les gens achèteront son disque. Jeane Manson, qui me laisse indifférent, a déclaré récemment dans la presse avoir sorti un nouvel album et n'avoir trouvé aucune maison de disque pour le sortir.

Je regrette presque d'avoir pris un billet de concert pour voir et entendre une énième fois Hubert-Félix Thiéfaine qui a pris de l'âge, n'a plus le dynamisme des années 80-90 et surtout a changé de public. Ce sera le 18 avril que je ne languis pas.

9 avril

Grève et manifestation à Valence. A l'initiative de la seule CGT. Nous sommes très peu nombreux et à mon avis, c'est contreproductif. FO ne s'est pas jointe à nous et nous prouvons notre faiblesse.

10 avril

J'ai désormais rendez-vous chaque vendredi avec deux épisodes de « NCIS Nouvelle-Orléans », série intéressante surtout grâce à la présence de Scott Bakula.

13 avril

Sur D17, une chaîne du câble, je regarde, bien longtemps après la mort de Bruno Cremer, sa version de « Maigret ». Je décroche en général rapidement, car cette adaptation, à la différence de celle avec Jean Richard, n'est pas trop portée sur le genre policier. Cela ressemble aux films de Claude Chabrol, une violente critique de la bourgeoisie des années 50. Ce sont des reconstitutions d'époque, avec des Citroën Traction Avant.

On touche le problème des adaptations fidèles : la version Jean Richard était certainement éloignée des romans de Georges Simenon, mais me convenait. Il en est de même pour Arsène Lupin et James Bond. Je parle du Lupin de Georges Descrières. Depuis l'arrivée de Daniel Craig en 2006 en 007 et le retour aux sources des romans, avec un héros dur et sans humour, je trouve que le charme insufflé par Sean Connery, Roger Moore puis Pierce Brosnan est rompu. Romans et films sont deux choses différentes. L'écran nous a proposé depuis 1962 un gentleman espion séducteur, fringant dans son smoking, ne se prenant pas au sérieux et devant sa survie face aux pires dangers avec ses gadgets. Les romans de l'écrivain Ian Fleming nous livraient un tueur froid et sadique. Les deux sont incompatibles.

On peut se poser la question de mon obstination à regarder les Maigret/Cremer. En fait, à chaque fois, je pense que je vais aimer et je suis déçu. D'autre part, j'appréciais bien, en tant que comédien, Bruno Cremer, dont ce fut le dernier rôle. Il y a même un épisode, qui fut son tout dernier tournage, cinq ans avant sa mort, dans lequel il dû être doublé car le cancer avait rendu sa voix inaudible.

Signe évident de la prochaine disparition du support CD musical, les boîtiers de remplacement, lorsqu'ils sont cassés, chose qui se produit souvent quand on les commande par la poste, ne se vendent plus en magasin. Il faut les chercher sur Internet.

Moi qui collectionne les disques, le jour où seule la musique digitale demeurera, je m'arrêterai d'empiler CD et vinyles. Pour le moment, j'ai en disques de quoi remplir une pièce entière de mon appartement.

17 avril

Les faits divers font la une de l'actualité, et c'est le cas de l'assassinat de la petite Chloé, disparue à Calais depuis plusieurs jours. Il a quarante ans, l'assassin, que l'on vient d'arrêter, aurait eu droit à la guillotine. Mais c'est la façon dont les journaux télévisés exploitent les faits divers tragiques qui me dérange, cela devient un spectacle. Triste époque.

18 avril

J'ai vu la dernière fois HF Thiéfaine en concert en 2012, et il me semble qu'en trois ans, il a énormément changé, pris un coup de vieux. Ce chanteur, qui était un marginal et un rebelle, à l'image de son public qui fumait des joints (quelle odeur désagréable lors de ses concerts) s'est assagi et aseptisé. Je reviens déçu, mais je le savais d'avance. Il était fan de Léo Ferré, de Johnny Cash et vivait en marge des médias, remplissant ses concerts par le bouche à oreille. Je l'ai vu la première fois en 1988, puis régulièrement tous les 3 ans environ. Depuis sa victoire de la musique, il n'y a plus rien de « transgressif » chez lui. On ne l'a quasiment jamais vu à la télévision pendant des décennies, et désormais, il fait partie du système.

19 avril

Richard Anthony est mort. Il fut ma première idole lorsque j'avais trois ou quatre ans et ce jusqu'au « Sirop Typhon ». C'est avec lui que j'ai commencé à collectionner des disques, des 45 tours. Je le savais malade, il avait eu un cancer du côlon en 2010, et finalement le mal s'est généralisé.

De lui, je n'attendais pas de disques, d'ailleurs, il n'enregistrait plus depuis des années. C'est une page qui se tourne. Je fus déçu, jeune, en le voyant sur scène, je trouvais son visage plus « épais » que sur ses pochettes (cela devait se passer en 1965 environ au théâtre de verdure de Dieulefit). Par la suite, il a connu une éclipse, et quand il est revenu en 1974 avec son tube « Amoureux de ma femme », je n'ai plus été attiré.

Ces dernières années, il participait, avec d'anciennes gloires de la chanson, aux tournées « Age tendre et têtes de bois ». J'ai gardé les 45 tours de mon enfance. Concernant le tout premier acheté, « J'entends siffler le train », j'en ai usé deux exemplaires, le premier s'étant rayé à force de l'écouter sur le tourne-disque.

Même s'il a beaucoup compté dans ma jeunesse, sa disparition m'attriste moins que celle de Pino Daniele, qui lui n'avait pas terminé son œuvre.

On constate que Muriel, dont je suis fan depuis 1967, n'a pas connu cette érosion d'affection que j'ai pour le chanteur de « C'est ma fête » et « A présent tu peux t'en aller ». Richard Anthony n'était pas Brassens et ne restera pas dans l'histoire de la chanson française autrement qu'en représentant majeur du phénomène yéyé. Les chanteurs de ma discothèque se mettent à partir les uns après les autres, trois déjà cette année en comptant Demis Roussos. Cela me renvoie à ma propre vieillesse, pour l'instant pas dramatique, même si les années sont là. Concept que l'on peut voir à double tranchant car tant de gens partent tôt de nos jours, frappés notamment par le cancer.

25 avril

Pour ma génération, le 25 avril a longtemps été le jour anniversaire de la mort de Mike Brant, dans les années 2000 encore, on sortait des compilations. Je suis surpris que pour les 40 ans de sa disparition, il n'ait droit à rien si ce n'est à une reprise de ses chansons par Amaury Vassili. L'oubli commence à faire son œuvre, il aura été plus long à venir que pour Muriel Baptiste.

Montélimar, 29 avril

Deuxième film vu avec mon petit-fils : « En route » (« Home » aux USA), et une douce journée en famille. J'ai eu une bonne idée d'emmener Lucas au cinéma, ma fille ne peut pas, enfin pas souvent, en raison de mon autre petit fils qu'il faut faire garder.

Après la séance de cinéma, ma fille est venue nous chercher, nous avons pu aller chez un disquaire où j'ai acheté, à bas prix, quelques 33t vinyles. Tour de manège, pot pris en terrasse dans un café, c'est la joie de l'ambiance en famille.

J'ai quand même trouvé que « En route » était un peu violent pour un dessin animé, mais bon...

Lors de la visite au disquaire, Lucas a accidentellement brisé un miroir ou un objet en glace qui était à vendre, la propriétaire n'a pas fait d'histoires, mais mon petit fils a eu très peur. Ma fille a proposé de payer l'objet cassé, mais la vendeuse n'a pas accepté.

J'ai vu Jacques Chirac le soir à la télé en rentrant chez moi, il fait peine à voir, a du mal à se déplacer et n'est plus que l'ombre de lui-même.

Au courrier, une lettre m'indiquant que je risque être désigné comme juré d'assises pour l'année 2016, j'ai été tiré au sort sur les listes électorales. Voilà une nouvelle qui ne me fait pas plaisir. Je me trouve presque dans la même situation que Michel Le Royer dans « Le premier juré », le dernier feuilleton de Muriel.

Valence, 1er mai

Presque personne au défilé de la CGT. Signe avant-coureur du déclin de ce syndicat dans la population française. J'avais participé à l'organisation, et l'évènement ne fut pas à la hauteur de l'attente.

4 mai

Via mon blog, j'ai reçu un mail de la nièce de Muriel Baptiste, mais elle ne m'a pas répondu ensuite, de sorte que j'ignore si c'est un canular ou un message authentique.

8 mai

J'apprends que si je refuse d'être juré, il m'en coûtera une amende de 3785 euros. A ce prix-là, peu de gens doivent refuser.

11 mai

Contrôle technique biannuel de ma Clio de 2001 qui cette fois-ci a bien failli être recalée. Je crains le pire pour 2017.

16 mai

C'est le baptême républicain de mes petits enfants à la mairie de Valence. Ma mère ne participe qu'à la cérémonie en mairie, transportée en ambulance, mais pas au repas qui a lieu à Romans.

Ce dernier était copieux : entrée velouté de courgette aux crevettes, puis canard avec pommes de terre, carottes et un autre accompagnement, ensuite dessert, puis pièce montée, nous avons payé 17 euros le repas, à ce prix-là on ne trouve rien à Valence de comparable.

18 mai

Très belle émission sur France 3 : « La vie secrète des chansons ». André Manoukian interroge Charles Aznavour, France Gall et plein d'autres bons artistes sur des chansons qui cachent toutes une histoire intime, comme « Ma déclaration » de France Gall. Les bonnes émissions en 2015 sont rares, autant en profiter, j'ai le reste du temps pour regarder mes DVD.

21 mai

J'ai rêvé de Muriel Baptiste cette nuit, et me sens apaisé le matin. Les rêves d'elle sont rares.

23 mai

Visite de ma fille avec mon petit-fils Lucas venu passer un examen chez un ophtalmologue de Valence. Arrivés à midi dix, ils sont repartis à trois heures, les moments de bonheur sont toujours trop courts.

Le concours Eurovision de la chanson est de plus en plus déplorable et l'absence de Nek, le candidat italien éliminé par le groupe « Il volo » se fait sentir. Il y a un an, je regardais le concours avec ma fille à Tulle et c'est Emma Marrone qui représentait l'Italie. La soirée de ce soir est sans intérêt.

27 mai

Ma mère et Christopher Lee sont nés le même jour la même année : le 27 mai 1922. Ils fêtent leur 93e anniversaire. Christopher Lee continue sa carrière, je l'ai vu récemment dans la saga « Le Hobbit ». Même s'il n'a évidemment plus la forme de Scaramanga, alias « l'homme au pistolet d'or » ou la fougue du comte Dracula. J'ai commencé à être fan de ce comédien en le voyant en robot effrayant à apparence humaine dans l'épisode de « Chapeau melon et bottes de cuir » : « Interférences », et par la suite, j'ai souvent été voir ses films au cinéma, dont certains qui ne le méritaient pas.

J'ai acheté deux gâteaux et une petite bouteille de Kriter pour fêter l'anniversaire de ma mère.

29 mai

Mon DVD Recorder combiné VHS/DVD, dont seule la partie DVD fonctionne encore, donne des signes de faiblesse. Ce jour, le disque dur était plein, j'avais gardé (mais heureusement gravé) « Les rois maudits » en version remasterisée enregistrée sur la chaîne Histoire, et les épisodes de « NCIS Nouvelle Orléans ».

30 mai

Mon magasin de télévision (je n'achète pas en grande surface) a envoyé l'un des deux patrons avec un nouveau lecteur graveur DVD/Blu Ray, pour 600 euros, mais quand il a vu que j'avais un poste à tube cathodique, pas un écran plat, il a fait une moue impolie qui ne m'a pas échappée. Il peut dire qu'il a perdu un client. Il m'a dit que je devais changer de poste de télévision, que plus personne ne se trouve comme moi dans la situation de ne pas avoir d'écran plat. Il est reparti dégoûté avec son appareil sous le bras. Il n'y a pas de solution selon lui, car les prises péritel ne sont plus fabriquées sur aucun appareil. Je suis bien embêté pour enregistrer la série avec Bakula, voire tout autre programme télévisé.

Je vais m'adresser à un autre magasin. Sur Internet, je vois que l'on trouve des postes de télévision écran plat à 179 euros, mais je n'ai pas envie de changer le mien qui fonctionne toujours. Il va me falloir démarcher un concurrent de mon revendeur pour trouver un dvd recorder compatible avec ma télévision. C'est une contrariété dont je me serai bien passée.

2 juin

Chez le concurrent de mon revendeur télé, j'ai passé commande du seul appareil existant encore sur le marché qui soit compatible avec une prise péritel, de la marque LG. J'ai noté que cet autre commerçant n'était guère plus aimable que le précédent. Devoir vendre une technologie obsolète (avec péritel) ne le ravit pas. Il m'explique que le fonctionnement de cet appareil ressemble un peu à celui d'un ordinateur, et me demande 54 euros pour venir l'installer et me montrer en une demi-heure comment m'en servir. Les choses sont mal parties avec lui aussi. Je ne serai pas client longtemps.

Ces gens-là ne semblent pas comprendre que je refuse de jeter un poste de télévision qui marche encore, et que je ne sois pas passé à l'écran plat. Mais mon poste date de 2004.

7 juin

Je venais de l'évoquer à propos de son anniversaire : Christopher Lee n'aura pas profité longtemps de son 93e anniversaire. Il est mort aujourd'hui de complications pulmonaires et d'une insuffisance cardiaque. Ceci dit, c'est un bel âge.

8 juin

Cinq ans déjà que Jean Ferrat nous as quitté ! Il a droit ce soir à un bel hommage sur France 3 présenté par Henry-Jean Servat. C'est quelqu'un dont j'attendais avec impatience les rares albums, espacés en général de cinq ans. Sa mort m'avait attristé, d'autant qu'à l'époque, j'espérais de nouvelles chansons. Le dernier vrai album date de 1991, « Dans la jungle ou dans le zoo », même si celui de 1995, « Ferrat 95, 16 nouveaux poèmes d'Aragon », très beau, l'empêchait d'aborder les questions d'actualité où il avait la plume féroce. En 2002, il était revenu chez Drucker présenter un faux « live », enregistré lors d'émissions télévisées, car durant ses années de scène, qu'il a quitté prématurément, il n'avait pas fait d'albums en public. Voilà une soirée remplie de nostalgie.

12 juin

Aujourd'hui, j'ai mon nouveau DVD recorder. Vendeur détestable, qui a regardé sa montre pour une demi-heure en me faisant remarquer qu'il dépassait le temps imparti. Voilà quelqu'un qui ne me reverra plus, parti sans m'expliquer toutes les fonctionnalités de l'appareil. J'ai dû télécharger sur Internet le mode d'emploi.

C'est un mauvais commerçant : 54 euros pour des explications à la va-vite, il fermera vite boutique, car je ne dois pas être le seul client traité ainsi. Il m'a recommandé d'économiser l'appareil car la durée de vie des DVD recorder est brève.

14 juin

Michel Drucker annonce la mort prochaine de Michel Delpech dont on n'avait plus de nouvelles depuis sa récidive du cancer : il ne sera plus là en septembre. Je trouve cette déclaration d'une terrible indécence. Je déteste depuis longtemps Michel Drucker.

16 juin

Mon ophtalmologue que j'ai vu en 2013 devait me faire du laser. Il s'est contenté de me changer mes lunettes. Lorsqu'il m'a dit « prochaine visite dans trois ans », il ne peut savoir le plaisir qu'il m'a fait. J'aime autant les ophtalmologues que les dentistes !

21 juin

Pour la fête des pères, ma fille m'a fait le plus des cadeaux : un porte-clefs à l'image de Muriel Baptiste, il s'agit d'une plaque gravée à son effigie à partir d'une photo d'elle dans « Les chevaliers du ciel » en 1966. Elle ne peut savoir la joie qu'elle me fait lorsque Lucas me porte le précieux objet. C'est une véritable fête que nous faisons, la présence des miens ce dimanche étant déjà un cadeau.

22 juin

A Télé Matin, sur France 2, que je regarde avant de partir au travail, j'apprends une terrible nouvelle : James Horner, le compositeur de « Titanic », vient de se tuer accidentellement dans un de ses avions personnels.

La plupart de mes compositeurs de cinéma ont passé l'arme à gauche : John Barry, Jerry Goldsmith, et dans ceux qui restent, James Horner occupait une place de choix, j'ai d'ailleurs beaucoup de CD de lui. On venait de lui rejeter la partition pour le film « Roméo et Juliette ». Il y a d'autres compositeurs que j'aime : Alan Silvestri, Marco Beltrami, Hans Zimmer, Bruce Broughton, Michael Giacchino, Danny Elfman, Christopher Young, Brian Tyler, David Arnold, mais Horner était nettement au-dessus du lot.

Il faisait partie de ceux que j'aurais aimé voir en concert. Je trouve que pour le monde de la musique et du cinéma, c'est une nouvelle terrible et irréparable, Silvestri étant inégal, capable du meilleur comme du pire, Broughton trop rare, et Zimmer toujours dans le même registre tambours et percussions sans plus aucune mélodie.

Je mesure là la différence avec la disparition de Demis Roussos et Richard Anthony qui eux n'aurait plus sorti de disques. Horner en sortait parfois sept par an, ce qui explique que je suis loin de tout avoir de lui. Ce n'est pas une perte affective, comme Muriel Baptiste, mais artistique.

Horner a fait « Jeux de guerre », « En pleine tempête », « Apollo 13 », « Star Trek II, la colère de khan », « Légende d'automne », « Cocoon », « Avatar », « Mon ami Joe », « Chéri, j'ai rétréci les gosses », « Au nom de la rose », « Aliens », « Brainstorm ». C'est une perte immense je le répète, car il n'y a que Jerry Goldsmith, décédé, qui peut aligner autant de chef d'œuvres, John Barry ayant pris la malheureuse habitude de s'auto plagier et de refaire toujours des scores du même style.

Il est la veine d'Ennio Morricone, de John Williams (« Star Wars », « Les aventuriers de l'arche perdue », « Les dents de la mer ») et selon moi nettement supérieur à Michel Legrand.

On le présente comme le compositeur du « Titanic » et la voix de Céline Dion résonne beaucoup ce 22 juin. Encore une fois, celui que France Télévisions appelle « Le Michel Legrand américain » (!) n'est pas Muriel Baptiste, je ne vais pas pleurer, mais il mérite dans ce journal que je m'y attarde, car c'est un immense compositeur.

On a déjà perdu le compositeur de films Michael Kamen jeune (55 ans en 2003), Goldsmith qui composait à la vitesse de la musique si j'ose dire étant plus âgé, emporté par un cancer en 2004 à 75 ans. La vie n'est pas juste, car Horner comme Kamen apportaient beaucoup au septième art avec leurs partitions. Chacun des deux laisse une œuvre inachevée.

2015 est une année de merde. Elle a commencé par la mort de Pino Daniele et les attentats de Charlie Hebdo, c'est le vingtième et bien triste anniversaire de la disparition de la femme que j'aime le plus au monde, Muriel Baptiste, et avec la mort plus qu'inattendue de James Horner, on peut la qualifier d'année noire.

Il me reste à espérer que Silvestri, Broughton, Beltrami, Giacchino et les autres survivants se surpasseront. Je ne crois pas trop à Hans Zimmer et sa nouvelle conception de la musique de film qui relève trop des percussions au risque de nous rendre sourd, et puis il ne fait pas de mélodies. Roi d'Hollywood, il a beaucoup de détracteurs. On reprochait à Horner de piller le répertoire de la musique classique, mais au moins l'assumait-t-il et ravissait-il nos oreilles, pour des films qui, je l'accorde, ne le méritaient pas la plupart du temps, le cinéma pop-corn américain.

25 juin

Patrick Macnee, le John Steed de « Chapeau melon et bottes de cuir », s'en est allé sur la pointe des pieds. Comme pour Christopher Lee, il aura eu une belle vie et atteint un bel âge, et sa mort ne me révolte pas comme celle de James Horner. Il faut, je le crains, dans les années qui viennent, s'attendre à perdre nos aînés, Roger Moore, Sean Connery, Diana Rigg. Nul n'est éternel, et nous n'atteindrons peut être pas leur âge.

On nous bassine avec la grève des taxis, ils sont chers, pas aimables, je les utilise chaque année pour aller à Pantin sur la tombe de Muriel, je sais de quoi je parle.

29 juin

J'ai rêvé de Muriel cette nuit, elle était plus âgée que sur ses dernières photos de 1974. Elle venait dans un commissariat rappelant celui de Navarro. Une journée qui commence par un rêve de Muriel ne peut être mauvaise.

30 juin

Ma fille n'avait plus de connexion Internet depuis quelque temps, c'est réparé. Me voilà soulagé car cela ne facilitait pas les contacts.

1er juillet

La poste me livre une commande FNAC et l'on retrouve un carton vide dans l'escalier. Mes protestations n'y feront rien, heureusement, il s'agissait de boîtiers SLIM en plastique de peu de valeur. J'ai décidé de bannir la FNAC de mes achats par correspondance.

4 juillet

Très mauvaise nouvelle : Persée me rend mon contrat pour « La vie, quelle gifle », qu'ils vont retirer de la commercialisation si je ne paie pas à nouveau. Je suis furieux et contacte Publibook après avoir récupéré le fichier informatique de mon livre, mais les décideurs sont en vacances.

Lorsque j'ai sorti ce livre, je pensais qu'il resterait des années dans le commerce, le contrat disait que cela se reconduisait d'années en années mais sans en préciser les conditions.

Après avoir payé presque 3000 euros, Persée me dit que ce n'était que pour un an, et ils demandent 126 euros pour une année supplémentaire. Publibook ne m'a jamais pris aussi cher. Je suis furieux, contrarié, et me dis que la poisse continue à pourchasser Muriel post-mortem. Le livre sorti, je proclamais comme Thierry Roland après la victoire de la France à la coupe du monde en 1998, « après ça, on peut mourir ». Mais si j'étais mort, le livre qui va vite devenir introuvable n'aurait guère été une aide pour les fans de Muriel.

6 juillet

Jour de l'anniversaire de ma fille, elle est venue me voir avec mes petits-enfants, comme le temps passe vite, 28 ans déjà. Il me semble que c'était hier que j'ai emmené sa mère à la maternité.

J'ai réservé un hôtel Ibis ce matin près la gare de Lyon pour rester deux jours à Paris, lors de ma visite annuelle à Pantin.

L'année dernière, je n'avais pas du tout envie d'aller au cimetière sur la tombe de Muriel, en raison des problèmes familiaux qui me préoccupaient. Curieusement, y aller pour le vingtième anniversaire ne me disait rien. Je ne suis resté pas longtemps d'ailleurs en 2014, n'enlevant même pas les fleurs grillées par le soleil.

Cette tombe, lorsque j'y vais, je ne ressens rien, le vide absolu.

Montélimar, 9 juillet

Je descends à Viviers et Montélimar et emmène voir mon petit-fils Lucas « Les Minions » au cinéma. Il est un peu énervé et les choses se passent avec moins de quiétude que les autres fois.

La nuit du 9 au 10, il y a eu des fusillades à Valence, mais silence radio, personne n'en parle. Les hommes politiques vivent dans le déni. Seule la radio France Bleu en fait écho.

Valence, 10 juillet

D'autres rendez-vous sont programmés avec ma petite famille : le safari de Peaugres en Ardèche près d'Annonay et la ferme aux crocodiles à Pierrelatte.

11 juillet

Muriel Baptiste aurait aujourd'hui 72 ans. Qui s'en souvient à part moi ?

17 juillet

Safari au parc animalier de Peaugres (Ardèche) avec ma fille et mes petits-enfants sous la canicule : 38 degrés. Nous avons eu peur en voulant faire une pause boisson car des guêpes nous ont tournés autour. Il me semble que les propriétaires du parc devraient y penser et mettre des points de vente de boissons fermés. Un accident peut très bien se produire un jour.

Nous avons eu une pensée pour ces pauvres animaux qui semblaient souffrir, on a pu le constater en les voyant avachis lors de la partie « visite en voiture ». Mon gendre travaillait et n'a pu se joindre à nous. Il sera libre un dimanche pour aller à la ferme aux crocodiles à Pierrelatte.

18 juillet

Internet est capable du meilleur comme du pire. Le meilleur ce jour puisque des photos de Muriel provenant d'un site américain ont été mises en ligne. Il s'agit d'un reportage pour Paris Match, réalisé par Jack Garofalo, datant du 27 juin 1968 pour la sortie du film « Le mois le plus beau ». Les évènements de mai nous auront privés de ce beau reportage où j'apprends que Muriel à l'époque habitait à Boulogne Billancourt et non au 24 rue Pigalle. Elle devait être restée en bons termes avec Paris Match où elle fut secrétaire en 1960 à 17 ans, voulant à l'époque devenir journaliste.

Muriel est superbe, derrière une machine à écrire, dans sa chambre, sur son balcon, avec des lunettes qu'elle n'a jamais porté sur l'un des clichés, cela lui donne un air sérieux. Dans sa chambre, il y a un poster de Brigitte Bardot et l'affiche de son film. Elle est également prise au pied d'un cinéma parisien qui projette le long-métrage. Sur son balcon, avec un arrosoir, elle est à l'œuvre devant des fleurs. Je réalise que personne n'a dû voir ces photos avant.

Comme elle me manque ! J'aurais dû vivre à son époque, la séduire, être son époux. Ma vie s'est gâchée quelque part même si je suis heureux de l'avoir connue par petit écran interposé.

Il n'empêche qu'elle garde encore des mystères, j'ai écrit dans « La vie, quelle gifle » qu'elle avait quitté la villa de Renée Saint-Cyr à Grasse pour habiter au 24 rue Jean-Baptiste Pigalle à Paris, c'est une erreur. Combien de secrets conserve-t-elle encore par-delà la mort ?

Paris, 20 juillet

C'est mon rendez-vous annuel au cimetière de Pantin. Je ne vais pas faire de la mauvaise littérature avec mon émotion. Je me suis demandé, après être resté de 15h00 à 17h30 devant la tombe que j'ai évidemment fleurie, si je reviendrais le lendemain. Après Pantin, je me rends au 24 rue Pigalle où tout a changé depuis ma dernière visite. J'ai voulu dîner dans un restaurant, mais à la vitesse où cet endroit se transforme, je me doute qu'elle n'a jamais mis les pieds dans celui que j'ai trouvé, 12 rue Blanche, à l'angle de la fin de sa rue, où je suis le seul client. Je ne voulais pas m'attarder le soir, à 19h47, je rentrais à mon hôtel Ibis. Nuit épouvantable, car le matelas est trop fin, et je n'ai qu'un tout petit oreiller. Ils ne me reverront pas. Dans ce restaurant, je n'ai pas retrouvé l'âme de Muriel et pourtant elle a vécu à deux pas de là pendant des années, a dû fouler ce trottoir des milliers de fois.

Par pudeur, je n'ai pas envie d'en dire plus, sinon que je n'ai pas retrouvé l'émotion qui m'avait submergée lors de ma première visite rue Pigalle le vendredi 27 juin 2008, avant un concert de Bruce Springsteen au Parc des Princes.

Le lendemain, fatigué, je trouve inutile de retourner à Pantin, et j'avance mon retour en changeant mon billet SNCF.

J'aurai beau fleurir cent fois ta tombe Muriel, cela ne changera rien à ma peine. Etre rue Pigalle ne m'a même pas ému. Je prévois durant les vacances, sans en être certain pour cause d'emploi du temps trop planifié, d'aller faire un tour à Lyon et de retourner 12 rue des Bournes (à la clinique où elle est née) et au 6 rue des trois rois, sa maison natale.

Si je te retrouve, ce sera dans l'après-vie, pas dans ce bas monde. Tu es cependant, invisible, penchée sur mon épaule, pour me consoler et me soutenir. Je m'en doute, je le sais au fond de moi.

A l'hôtel Ibis, rien à la télé. C'est une soirée « Esprits criminels » sur la Une, je n'ai jamais regardé cette série, quatre épisodes sont programmés, j'arrête avec la télécommande après le troisième, cela suffit. De la très mauvaise télévision, violente. Des autopsies, des tueurs en série, bref, rien à voir.

Valence, 22 juillet

Il y a un concert gratuit de Charlélie Couture à Valence, pour avoir une bonne place, je suis arrivé très en avance, c'est la troisième fois que je le vois après deux concerts payants à Montélimar en 1992 et Portes-les-Valence en 2006.

Je n'aime pas les concerts gratuits, on est debout, mal placé, on se bouscule. Je trouve Charlélie en petite forme, il se fait tirer l'oreille (mais il le fait chaque fois) pour chanter à la fin « Comme un avion sans aile » qu'il n'interprète pas vraiment dans l'air, il a joué au piano le refrain au lieu de le chanter. Des gamins ont des baguettes fluorescentes. J'ai l'esprit ailleurs, je pense à Muriel, il ne faut pas s'en étonner. Avant Charlélie, il faut supporter la cacophonie d'un groupe de blues inconnu, « The Summer Rebellion ». On ne peut pas aimer James Horner et çà, ce bruit, cette musique dissonante. Ce chanteur leader prétentieux, canadien émigré à Bruxelles à la voix d'ogre, ne me semble doté d'aucun talent. A l'entracte, il annonce qu'il vend ses CD. Qu'il ne compte pas sur moi pour en acheter. En fait, j'ai aussi peu apprécié le concert gratuit de Couture que celui payant de Thiéfaine.

Je rentre chez moi fatigué et déçu. La première partie m'a énervé.

Je devrais être content car j'ai raté les concerts à guichets fermés de Charlélie Couture à Lyon et à Saint-Etienne en novembre dernier. Le concert n'a duré qu'une heure quinze minutes, et des gens sont partis au bout de cinq chansons, l'artiste a dû s'en rendre compte.

Viviers, 24 juillet

Je vais voir ma fille. Nous sommes obligés de rester à l'intérieur tant il fait chaud, mon petit-fils Lucas est chez son père. Mon gendre nous rejoint in-extremis pour pouvoir aller au restaurant, il travaille tard et dur. Il arrive à 21h45 et à Montélimar, les restaurants ne servent plus à partir de 22h00.

Mon autre petit-fils est encore dans sa poussette. Ma fille m'explique que bientôt cela ne sera plus le cas, et que nous ne pourrons pendant un temps plus aller au restaurant pour cette raison.

Valence, 28 juillet

Je ne comprendrais jamais un public qui regarde et plébiscite « Camping Paradis ». J'ai repris le travail la veille après avoir fait un cauchemar où ma supérieure hiérarchique m'expliquait qu'en mon absence, le travail avait complètement changé. La canicule s'est arrêtée le 26, la veille du jour de ma reprise de travail. Samedi soir, d'un œil distrait, j'ai regardé pour faire plaisir à ma mère « Qui veut gagner des millions ? ».

30 juillet

Un rêve de Muriel, je voudrais en remplir les pages de ce journal, mais je ne vais pas les inventer. Celui-là était agréable, mais curieux. J'ai rêvé que des années 80 à sa mort, Muriel était revenue au théâtre, de l'underground. Je voudrais passer ma vie à rêver d'elle et ne plus me réveiller.

31 juillet

C'est exceptionnel, j'ai de nouveau rêvé de Muriel, cela fait deux nuits de suite, mais au réveil, je n'avais cette-fois aucun souvenir.

1er août

Sur le chemin entre mon domicile et le travail, je m'arrête dans une station Total pour faire le plein de 98 sans plomb. Le compteur ne démarre pas, bloqué sur la somme de 28 euros 37 centimes.

Commençant à m'impatienter, je vais voir l'employé à l'intérieur de sa boutique, qui m'indique alors que je lui dois dix euros, correspondant à du carburant que j'aurais mis dans ma voiture. Je crois rêver. Je garde mon calme et après une brève discussion, je parviens à me faire entendre. Un autre client auquel personne n'avait rien demandé lance « Tout le monde peut faire une erreur ». Heureusement que je suis resté serein. Voilà une station-service qui ne me reverra pas avant longtemps.

Comme la télévision est devenu désespérante de médiocrité, je regarde un DVD du « Commissaire Moulin » tourné en 1975, « La peur des autres », avec la regrettée Maïa Simon et Pierre Vernier. Je n'arrive pas à comprendre que la télévision soit devenue si mauvaise, entre les émissions d'Arthur, « Joséphine ange gardien » et les « Esprits criminels » proposés au kilomètre.

Muriel, malheureusement, ne tournait plus en 1975, sa carrière ayant sombré avec la disparition de l'ORTF. Yves

Rénier aurait dû s'en tenir à la première série des « Moulin » tournée de 1975 à 1982, car la seconde version, qui a duré de 1989 à 2007, le montrant policier moderne à moto, ne m'a jamais convaincu. Ce sont presque deux séries différentes, la première, créée par Paul Andréota, mise en scène par Claude Boissol, nous proposait des énigmes policières, tandis que la seconde est violente, avec des scénarios creux, trop d'action et des jurons en veux-tu en voilà, un langage fleuri en guise de dialogues, des thèmes sur les ripoux, l'autodéfense, une approche peut être réaliste de la police (on note la collaboration de l'ex-policier Olivier Marchal devenu comédien), mais qui n'a plus rien à voir avec un spectacle distrayant.

Il ne faut pas trop creuser les bons filons, ils s'épuisent vite. « Columbo » de 1971 à 1978 était une des meilleures séries policières, mais lorsque Peter Falk a voulu reprendre la série en 1989, à 62 ans, il avait souvent l'air d'un grand-père, le visage assez bouffi, et sa série avait nettement baissé en qualité. On ne s'en souvient plus mais Peter Graves reprenant le rôle de Jim Phelps dans « Mission Impossible, vingt ans après » était pathétique.

2 août

On nous présente la nouvelle « Wonder Woman », Gal Gadot, qui sera l'héroïne de plusieurs long-métrages au grand écran. Elle n'a rien de la séduction de celle de la télévision, Lynda Carter, pulpeuse à souhait. Les temps changent, en mal.

Le soir sur France 3, bonne série policière allemande entièrement tournée à Venise, « Commissaire Brunetti », adaptée des romans de Donna Leon. Ce policier-là est plus italien que nature, et pourtant c'est un allemand qui l'incarne, Uwe Kockisch.

3 août

La chaleur revient, mais ce n'est plus la canicule comme en juillet. « Commissaire Brunetti » squattant la case horaire du dimanche soir, je regarde provisoirement mes DVD avec ma chère Muriel le lundi.

4 août

Sur HD1, je me décide à regarder un film de Jean Becker de 1995 dont j'ai vu en son temps en salles la bande annonce, « Elisa », avec Gérard Depardieu et Vanessa Paradis. A part la chanson de Gainsbourg, que l'on entend au générique final, il n'y a rien à sauver. Le cinéma français moderne n'est pas pour moi. Patrick Dewaere nous laisse une œuvre inachevée mais belle, tandis que Gérard Depardieu tourne plus vite que son ombre, avec une filmographie qui dépasse les 200 titres mais où qualité et quantité ne se marient pas. Il fut un pitoyable Jacques de Molay dans l'infâme remake des « Rois maudits » de Josée Dayan, incarnant un templier affamé et décharné par sept années de cachot et de tortures (Xavier Depraz dans la version 1972 avec Muriel), sans se rendre compte du ridicule puisque Depardieu n'est pas spécialement mince.

Je m'attends chaque jour en captant France Infos dans ma voiture à apprendre la mort de Michel Delpech.

7 août

Chaleur torride aujourd'hui. Cela promet pour la visite dimanche en famille de la ferme aux crocodiles, qui se trouve sous une serre géante.

J'ai regardé sur France 3 un documentaire, « La folie des années 70 ». Comme d'habitude, il n'est pas question de Muriel pas plus que des « Rois maudits ». On parle de l'élection de Valéry Giscard d'Estaing, de Danièle Gilbert, des émissions des Carpentier. Je me fais avoir à chaque fois, espérant la retrouver dans ces rétrospectives sur la télévision d'autrefois, du temps où elle était Marguerite de Bourgogne, reine de Navarre.

9 août

Visite en famille de la ferme aux crocodiles, un véritable sauna. C'est cependant une journée agréable où mon petit-fils s'extasie devant des animaux venus du bout du monde, que l'on regarde à travers des vitres.

10 août

Panique à midi, ma voiture ne démarre pas. J'appelle l'assistance mais ce n'est en fait qu'un problème de batterie, que je dois changer dans la foulée.

12 août

Cette nuit, plusieurs voitures ont brûlé à Valence qui devient une des villes les plus criminogènes de France. J'ai la chance d'habiter un quartier tranquille. Silence radio des médias, il ne se passe rien, dormez tranquille citoyens !

21 août

A la différence de Mike Brant, Joe Dassin n'est pas oublié cette année, France 3 propose ce soir « Joe Dassin, le roman de sa vie », avec beaucoup de témoignages de ses proches.

Toxicomane, perdu dans un second mariage mouvementé avec Christine, la mère de ses enfants, nous sommes loin de l'image de gendre idéal qu'il véhiculait durant ses années de gloire. On constate que par comparaison à Dassin, Gilbert Bécaud, lui, est tombé dans l'oubli total.

Je ne dois pas attendre des hommages à Muriel Baptiste qui ne viendront jamais.

23 août

Délaissant Muriel et ses DVD pour les remettre au lendemain lundi, je regarde Jean Gabin sur D8 dans « Maigret tend un piège ». Interprétation épouvantable par rapport à Jean Richard et Bruno Cremer. Il n'est pas du tout le personnage.

Après un film aussi paisible, j'ai passé une nuit du dimanche au lundi tourmentée faite de cauchemars épouvantables où j'étais fâché avec ma fille. Je suis heureux de me réveiller lundi matin. On pourrait expliquer ces mauvais rêves par mon goût pour les films d'épouvante, mais je n'en regarde plus depuis longtemps.

28 août

Enterrement du père d'un collègue de travail, la seconde fois cette année.

J'ai été obligé de consulter en urgence un podologue pour un ongle incarné. Tant que mes soucis de santé se limiteront à cela, je peux dormir tranquille.

30 août

J'ai regardé l'après-midi en VOD (Vidéo à la demande) le film « Basic Instinct », doté d'une fort belle partition de Jerry Goldsmith que je possède en CD. Je n'avais jamais vu le film qui selon moi ne mérite pas sa réputation sulfureuse.

Finalement, je ne suis jamais si heureux que le dimanche soir en voyant Muriel. Je connais les séries et films par cœur mais peu importe. Qu'elle soit infirmière ou journaliste, reine ou gitane, elle est là devant mes yeux ébahis. Pour rien au monde, je ne renoncerai à mes soirées de dimanche à la regarder.

1er septembre

Voiture à nouveau en panne et au garage, cette-fois, ce sont les capteurs. Je n'y connais rien mais commence à en avoir marre. Panne vite réparée heureusement. On me rappelle de bien mettre dans une voiture aussi âgée du 98 sans plomb et pas du 95.

7 septembre

Vingt ans déjà que Muriel a cessé de vivre. Je regarde en DVD « Les sultans » en hommage à elle.

Que signifie une période de vingt ans sinon une date anniversaire ? Elle me manque depuis bien plus longtemps déjà, quand elle a arrêté sa carrière.

J'avais tenté d'organiser un évènement sur Facebook depuis quelque temps, mais personne n'a répondu présent. A part faire fleurir sa tombe, je ne peux rien, elle est là, dans mon cœur, dans mon être tout entier. Le 7 septembre est une date maudite en ce qui me concerne, le pire jour de l'année avec le 6 novembre, puisque c'est le 6 novembre 2005 que j'ai appris l'affreuse nouvelle, avec dix ans de retard.

Peu importe le jour où elle nous a quittés, 52 ans c'est bien trop jeune, et je ne m'en consolerai jamais. Je me sens coupable de bientôt fêter mes 56 ans.

Je sais que mourir jeune est injuste, la disparition de James Horner a 61 ans cette année en est encore une preuve. Muriel n'aurait plus tourné, ayant cessé sa carrière depuis vingt et une longues années, mais au moins elle était là. C'est tout ce que je lui demandais. Lorsqu'en mai 2008, j'ai entendu au téléphone la voix de Catherine Hubeau, pareille à celle de son personnage de Blanche de Bourgogne dans « Les rois maudits », j'ai mesuré à quel point une autre voix m'aurait rempli de bonheur.

Celui qui a dit « les cimetières sont remplis de gens qui se croyaient indispensables » était un crétin. Muriel l'était, indispensable, pour moi. Il me faut continuer à la faire vivre. Publibook est en train de rééditer l'ouvrage que Persée a retiré de son catalogue. Il y aura sans doute d'autres ouvrages, mais ils n'atteignent qu'un public réduit, en raison de mon blog qui est gratuit, alors que mes livres ne le sont pas. Eh puis, publié à compte d'auteur, je ne suis pas dans les rayons des libraires mais imprimé à la demande.

Je pourrais dire que j'ai fait tout ce qu'il était imaginable pour rappeler à un public amnésique qui était la merveilleuse Muriel Baptiste. LCJ a fort bien fait de rééditer « Les sultans » en DVD, je les en félicite. C'était en 2010, il serait bon qu'un éditeur se penche sur le cas du film « Le mois le plus beau » que j'aimerais bien voir avant de mourir.

Même si plus personne ne sait qui était Muriel Baptiste, elle a existé, et est gravée dans mon cœur à jamais. Elle continuera de vivre à travers mes récits jusqu'à mon dernier souffle.

J'ai fait fleurir sa tombe aujourd'hui, c'est tout ce que je pouvais faire.

14 septembre

Ma fille continue d'avoir la poisse. Une crue à Viviers et sa voiture est pour le moment hors d'usage. Il faut attendre que l'assurance se prononce.

Je ne sais comment fait Renaud Camus pour faire des journaux annuels de 600 pages, il faut croire qu'il lui arrive davantage de choses qu'à moi, ou qu'il les développe plus. J'en suis à 89 pages format A5 en word, et j'évoque mes pannes automobile et mon amour pour Muriel qui ne doivent intéresser personne. Un semblable ouvrage que j'ai fait pour 90 pages en A5 en a donné seulement 122 une fois le livre finalisé. Ce journal 2015, le premier du genre pour moi, ne sera pas le pavé immense que je pensais faire éditer.

15 septembre

Un magnifique rêve de Muriel la nuit, que demander de plus à une journée qui de toute façon ne m'apportera rien d'extraordinaire ? Je ne devrais vivre que pour rêver. Le songe consistait dans le fait qu'elle m'attendait, là où elle est. Je me plaignais de rarement rêver d'elle, mais me trompais, ou du moins l'année 2015 est prolifique en rêves, ce qui compense les cauchemars.

Montélimar, 16 septembre

Je vais voir « Le petit prince » avec mon petit-fils Lucas au cinéma, le film est sorti cet été, le 29 juillet, mais est toujours en salles.

J'ai voulu lui donner mon livre de Saint Exupéry, mais ne l'ayant pas retrouvé à l'appartement de ma mère, dans ma chambre d'enfant, nous en avons été quittes pour en acheter un tout neuf, au magasin Carrefour.

Je suis content car le dessin animé était apaisant, ce qui change de la violence sous-jacente des « Nouveaux Héros » et de « En route ». Lucas était content.

En rentrant chez moi, j'ai mis la radio dans la voiture et appris le décès de Guy Béart. Je m'attendais à celui de Delpech, qui selon Drucker ne devait pas voir le mois de septembre. Ce dernier se bat toujours courageusement contre le crabe. Guy Béart a eu une belle vie, et échappé au pire (cancer et éventration en 1985). Mourir à 85 ans d'une crise cardiaque n'est pas le pire des destins.

19 septembre
Pour mon anniversaire, ma fille ne s'est pas moquée de moi : elle m'offre le coffret de l'intégrale de la série « Columbo » en DVD. La journée en famille s'est très bien passée. J'ai 57 ans désormais.

20 septembre

Je me suis rendu au cinéma voir « Mission Impossible : Rogue Nation », et en suis sorti déçu. Pas de scénario, que de l'action et des rebondissements improbables. Du cinéma « pop-corn » dans toute sa splendeur.

Du coup, j'hésite fort et je crois que je n'irai pas voir l'adaptation de la série « Des agents très spéciaux » avec Henry Cavill : « Code UNCLE ». J'ai l'impression de perdre mon temps et mon argent à chaque fois avec ce style de films. De plus, je n'aimais pas, en son temps, la série « Des agents très spéciaux » que je trouvais loufoque et décalée.

21 septembre

Est-ce l'effet 20e anniversaire de sa disparition, mais j'ai encore rêvé de Muriel cette nuit pour mon plus grand bonheur. En me réveillant ce 21, je me souviens qu'il était question d'une fête, dans un petit village de la Drôme, ne me demandez pas pourquoi, pour les 50 ans de « La princesse du rail ». Le feuilleton a été tourné en Auvergne bien loin de la Drôme. Cela me réconforte, car il y a quelques jours, je ne l'ai pas noté sur mon journal, j'ai rêvé que Muriel avait raté son suicide en 1995 et que je la réconfortais, et là, je n'étais pas bien du tout au réveil, on s'en doute aisément.

Finalement, morte, elle a plus d'importance dans ma vie qu'un vivant.

24 septembre

J'utilise trop les ordinateurs portables et ils s'usent. Ma mère m'en a offert un de la marque Assus pris chez un nouvel assembleur, le précédent, un Acer offert pour mon anniversaire 2013 donne des signes de faiblesse.

Je suis devenu complètement dépendant d'Internet, je me souviens que lors de ma visite à Tulle chez ma fille en mai 2014, ou à Paris pour aller sur la tombe de Muriel cette année, le fait d'être privé d'Internet m'a manqué. Les cybercafés ont tendance à disparaître, il y a de la WIFI partout. Avec ces ondes, dans vingt ans, on nous dira que c'est aussi cancérigène que l'amiante.

Le soir, je regarde Manuel Valls débattre avec David Pujadas dans « Des paroles et des actes » sur France 2. Il ne m'a pas convaincu.

25 septembre

France Gall, discrète depuis la mort de sa fille Pauline, est la vedette d'une soirée organisée par Stéphane Bern sur France 2 à l'occasion de la comédie musicale « Résiste », qui sera donnée au Palais des Sports de Paris à partir du 4 novembre.

Je crois que j'aimais surtout Michel Berger, car le show me laisse sur ma faim. Je n'ai rien appris de nouveau.

Le mois de septembre se termine sans rien d'autre à noter sur ce journal qui soit digne d'y figurer.

2 octobre

Après trois pannes d'Internet en quinze jours, un technicien d'Orange s'est déplacé pour vérifier toute l'installation téléphonique. Je me demande comment tout cela pouvait bien fonctionner depuis mon arrivée dans cet appartement en 2003 et ne plus le faire depuis deux semaines.

Ces gens-là finissent par vous inciter à changer d'opérateur. Depuis jeudi soir, j'étais privé d'Internet, qui me sert pour communiquer avec ma fille, gérer mon compte bancaire, payer mes factures, m'occuper de mon blog Muriel Baptiste.

On se doute, quand on me connaît, de l'état d'énervement dans lequel je me trouvais.

5 octobre

Depuis quelques jours, les médias ne parlent que d'une personne : Nadine Morano, qui a déclaré dans l'émission de Laurent Ruquier « On n'est pas couché » du 26 septembre : « La France est un pays de race blanche ». Elle dit une évidence, mais qui va à l'encontre du politiquement correct. On se demande, s'ils vivaient aujourd'hui, si Coluche et Pierre Desproges pourraient disposer de la liberté de parole qu'ils avaient dans leurs sketches. On parle du retrait de son investiture aux élections régionales en Alsace-Lorraine, voire carrément de son exclusion du parti UMP devenu « Les républicains ».

6 octobre

J'ai rêvé d'une amie, ma correspondante américaine Cindy depuis 1978. Il s'agit d'un rêve érotique que je ne souhaite pas raconter sur ce journal.

Quelqu'un m'a contacté via le blog Muriel pour me parler de la comédienne.

7 octobre

Celui qui m'a contacté n'est pas un mauvais plaisant, mais comme il me parle de la vie privée de Muriel, la discrétion la plus élémentaire m'empêche d'en dire davantage. Je n'en parlerai donc pas, si ce n'est pour dire que la conversation téléphonique a duré plus de trois heures. Dîner à 22h ce soir donc.

9 octobre

Leny Escudero, qui devait faire un concert pas loin de chez moi ces jours-ci, auquel je ne comptais pas me rendre, est mort.

10 octobre

Je n'aime pas Patrick Sébastien mais je regarde « Les années bonheur » où il nous permet de revoir des chanteurs qui n'ont plus droit de cité dans aucune autre émission. Ce soir, par exemple Hervé Vilard, mais l'on y revoit des artistes comme François Valéry, Herbert Léonard. Sébastien surfe sur la nostalgie, il lui arrive de faire revenir quelqu'un dont tout le monde avait perdu la trace et se demandait ce qu'il était devenu.

11 octobre

Toute ma vie, j'ai détesté les dimanches après-midi, car ils annoncent le retour de la semaine. Le vendredi soir, le samedi, procurent une détente incomparable, tandis que le dimanche, surtout en fin d'après-midi annonce la fin des réjouissances.

J'étais déjà comme cela à l'école, aujourd'hui je n'ai pas changé. Quand le jour commence à tomber, je ressens une impression d'angoisse et de vide, et il m'est difficile voire impossible d'y parer. Pourtant, j'ai maintenant 57 ans.

Que se passe-t-il de si affreux en semaine pour que je réagisse ainsi ? Les drames ne choisissent pas leur jour. C'est ancré en moi. Il n'y avait guère que les dimanches d'avril 1973 lorsque Muriel était absente de la télévision pour reparaître le lundi soir dans « Le premier juré » que je devais languir la semaine.

Je me demande si Muriel continuant sa carrière n'aurait pas fini par me décevoir, si elle aurait l'importance qu'elle a dans ma vie aujourd'hui. En quittant les écrans radars en 1974, se fondant dans l'anonymat de la foule, je l'ai mise sur un piédestal. Je ne l'ai pas vu vieillir. Je garde d'elle l'image de sa jeunesse et de sa beauté. Ce sont des questions que je me pose souvent. Mais je n'aurai jamais la réponse.

13 octobre

Dois-je évoquer dans ce journal mes problèmes de rasoir électrique ? Le mien m'écorche plus qu'il ne me rase, mais en plus, son système à trois têtes fait qu'il est très difficile à remonter une fois nettoyé. L'appareil n'est pourtant pas vieux, il date de mars. Il va déjà falloir en changer, prendre un modèle avec une seule grille et une tondeuse, plus efficace.

La série « Mentalist » en arrive à la saison 7, la dernière, et n'a plus aucun intérêt. J'aurais bien aimé que l'acteur Simon Baker soit James Bond à la place de l'affreux Daniel Craig, ils sont presque nés la même année, Baker un an après l'autre. Ou alors qu'il joue Simon Templar Le Saint. Je crains qu'une fois « Mentalist » achevé, on l'oublie, comme tant d'autres comédiens liés à une série.

Précisément, le nouveau James Bond, « Spectre », sort le 11 novembre. Cette saga qui m'enchantait depuis 1974 lorsque j'ai découvert Roger Moore dans « Vivre et laisser mourir » est devenue moribonde. Intrigues sombres et sans humour, choix catastrophique d'un acteur pour le rôle-titre, un blond qui ressemble à Vladimir Poutine, et tandis que c'était un bonheur jadis de voir le nouvel épisode tous les deux ans, c'est presque une déception annoncée à chaque fois. Depuis 2006, avec « Casino Royale », on est reparti à zéro, avec un James Bond qui vient juste d'intégrer les services secrets, du moins à son poste avec son permis de tuer. On ne peut honnêtement comparer un ancien film de la série (avec Sean Connery ou Roger Moore) et la nouvelle version, dite en anglais « reboot » avec Daniel Craig.

15 octobre

Ce sont les 70 ans de la sécurité sociale, et l'on diffuse des tracts CGT aux gens par un froid glacial. Après l'affaire Thierry Lepaon et ses dépenses de bureau, le Français lambda ne voit aujourd'hui la CGT que par le clash à Air France, l'histoire de la chemise déchirée du Directeur des Ressources Humaines, Xavier Brosseta. Je me demande parfois si la CGT existera encore dans dix ans.

17 octobre

La nouvelle du jour à la radio et à la télévision vient d'un certain Jérôme Lavrilleux qui prétend risquer finir comme Robert Boulin, accusant Nicolas Sarkozy. La politique devient un spectacle lamentable.

30 octobre

Demain, c'est Halloween, j'ai acheté des bonbons au cas où des enfants viennent en quémander (mais mon imbécile de voisin les a chassé et l'an dernier personne n'est venu). Le soir, je me mettrai sans doute un film d'épouvante, cela fait plusieurs années que pour Halloween, je mets le film "Cubby House", une histoire de maison ensorcelée, un film australien acheté par hasard et vraiment effrayant.

31 octobre

Halloween était un samedi soir, mais aucun enfant n'est venu sonner. Je profite des friandises pour moi seul. Et comme prévu, je regarde le DVD de « Cubby House ». La fête d'Halloween est en perte de vitesse depuis plusieurs années en France après une implantation dans les années 90. Ce n'est pas dans notre culture, et puis cela choque beaucoup de gens car c'est la veille de la Toussaint.

J'ai commandé des fleurs pour les faire déposer demain sur la tombe de Muriel.

2 novembre

J'ai failli regarder le documentaire « Alain Delon, cet inconnu » sur France 2, mais ai préféré finalement regarder une vieille série que j'ai transférée de VHS sur DVD : « University Hospital ». Quelle plaisir de revoir l'histoire trop courte (neuf épisodes) de ces quatre infirmières. La plus jolie, Hillary Danner (pas Clinton !) ne donne plus signe de vie depuis 2005, elle a arrêté de tourner. C'est la cousine de l'actrice Gwyneth Paltrow.

J'ai regardé deux épisodes sur neuf ce soir.

3 novembre

Il est plus que temps que « Mentalist » s'arrête, cela devient inintéressant au possible.

6 novembre

Il y a dix ans, je me souviens parfaitement de ce que je faisais tant cette journée est gravée dans mon cœur à jamais. Après avoir regardé « Chanter la vie » de Pascal

Sevran, j'ai mis l'après-midi une cassette vidéo de « Psychose », d'Alfred Hitchcock enregistrée à la télévision. Bien que j'adore ce film, je ne peux plus le voir depuis.

Il y a dix ans, je pensais que c'était un dimanche comme un autre, et vers 18h (enfin je n'ai pas noté l'heure à la minute près), j'ai pris un « Ici Paris » qui traînait depuis quelques jours à la maison, et j'ai lu un article sur le remake des « Rois maudits » par Josée Dayan.

Il y a dix ans, j'ai eu le plus grand choc de ma vie en lisant l'interview d'Hélène Duc qui joue Mahaut d'Artois dans la première version et Madame de Bouville dans le remake. «Contrairement à ce que l'on a pu dire, il n'y a pas de malédiction sur ceux qui tournent dans « Les rois maudits ». Le seul drame concerne la comédienne Muriel Baptiste qui jouait dans la première version. Cette jeune comédienne qui débutait était remarquable. Et pourtant, elle n'a eu aucun succès. Elle s'est suicidée. J'ai eu beaucoup de peine. »

Dix ans après, je n'ai pas fait mon deuil. Et quand elle annonçait cette nouvelle, Hélène Duc n'avait aucune idée de la date du décès, qui remontait à plus de dix ans.

Le 7 septembre et le 6 novembre sont pour moi des jours maudits.

Les lundi 7 et mardi 8 novembre 2005, curieusement pas le dimanche 6 sous le choc, je n'ai fait que pleurer toute la nuit.

7 novembre

Je me suis rendu à Conforama acheter une table pour mon ordinateur portable, afin d'avoir une meilleure position qui ne me cause pas de douleurs au dos. La vendeuse m'a dit que c'était très facile à monter, et que personne de leur magasin ne viendrait me l'installer.

Facile à monter ? Je ne retournerai jamais à Conforama. Il m'a fallu téléphoner à un ami qui doit passer pour m'aider à la monter.

8 novembre

Ma fille m'a invité à Viviers pour l'anniversaire de Lucas, le vendredi 13. J'irais manger avec ma petite famille.

Saint-Etienne, 9 novembre

Parti avec un collègue de travail à Saint-Etienne pour un déplacement, nous voilà coincés sur l'autoroute. Départ de Valence à 8h30, nous arrivons à destination à 12h30. Un camion a pris feu sur la voie de droite. On a vu alors débarquer des policiers, mitraillettes au poing. Nous leur avons demandé ce qu'il se passait. Il fallait évacuer de ce bouchon un véhicule transportant des matières nucléaires.

A midi, en mon absence, mon ami est passé monter le meuble de Conforama, et lui qui est bricoleur a eu du mal à le faire, selon ma mère, il paraît qu'il manquait des pièces. Tout cela n'est pas sérieux de la part de cette enseigne. Il a commencé à s'y mettre à 12h05 et a fini à 13h00, ayant apporté ses outils. Je n'y serais jamais arrivé seul.

Valence, 10 novembre

Je suis incorrigible, je vais voir en avant-première le nouveau James Bond « Spectre » au cinéma Pathé. Plusieurs des véhicules du film sont exposés et solidement gardés. Je me demande pourquoi il est annoncé que ce film sort le mercredi 11, alors qu'il est visible le 10 par tout le monde.

Le film est le plus long de la série et vaut un zéro pointé. Ce doit être le pire de la série avec « Quantum of solace ». Ian Fleming, l'auteur des romans, et Albert R. Broccoli, le producteur des premiers films jusqu'à sa mort en 1996, doivent se retourner dans leur tombe.

Le seul bon moment du film est le retour du « gunbarrel » (absent depuis l'arrivée de Daniel Craig), c'est le fameux cercle sur fond de thème musical James Bond, l'agent s'avance et se retournant vers la caméra tire. Le pré-générique au Mexique en hélicoptère est passable, plagié sur un épisode avec Roger Moore, « Rien que pour les yeux ». Le reste du film est indigeste.

12 novembre

J'ai regardé l'émission politique de la 2, « Des paroles et des actes », dont l'invité était François Bayrou. Je me suis profondément ennuyé, autant que pendant le « James Bond ».

Viviers, 13 novembre

Quand il sera plus grand, mon petit-fils Lucas saura que le jour de son 8e anniversaire ne fut pas très gai.

Nous avions passé une bonne soirée, la télé éteinte. Vers 22h, ma fille a reçu un SMS. Nous avons mis la télé, les enfants étant couchés, et découvert l'horreur.

Lorsque je suis reparti pour Valence, le nombre des victimes était encore peu élevé. Il a grandi au fil des heures.

Valence, 14 novembre

J'ai presque honte de tout le temps me lamenter de la disparition d'une artiste que je n'ai jamais rencontrée, quand des gens sont confrontés aux pires horreurs comme les attentats du 13 novembre.

Cela ne sera malheureusement pas le dernier, tout le monde le dit, Manuel Valls, François Hollande et Bernard Cazeneuve les premiers.

Nous devons vivre désormais avec la menace permanente de l'état islamique et des ces fous assassins.

15 novembre

C'est un peu la saturation médiatique après les attentats. Quelle est la part d'information et celle de « spectacle » dans les éditions spéciales de la télévision ? C'est du pain béni pour les journalistes. Je ne dis pas qu'il ne faut pas en parler, mais nous repasser en boucle les mêmes images sert-t-il à quelque chose ?

16 novembre

Une minute de silence est organisée dans mon entreprise, comme dans tout le pays. Cela avait été le cas après le 11 septembre 2001, l'assassinat le 2 septembre 2004 d'un inspecteur du travail et d'un contrôleur de la Mutualité Sociale Agricole à Saussignac en Dordogne, et les attentats du 5 janvier 2015.

A chaque fois, tout le monde est choqué, mais retourne ensuite à ses occupations. Il faut vivre, on ne peut se figer dans l'évènement le plus dramatique qui soit.

Nous n'en avons pas fini avec les tragédies, une rame de TGV d'essai déraille ce jour près de Strasbourg et fait 11 morts et 37 blessés. Ce journal devient une compilation de catastrophes et de tragédies.

17 novembre

La pédicure (ou podologue) de ma mère explique qu'il y a de la police au centre-ville de Valence un peu partout, ce qui créée un bouchon indescriptible. Les policiers, mitraillette au poing, arrêtent les voitures, font ouvrir toutes les portes, descendre les gens et inspectent les coffres. Suite du 13 novembre ou sont-ils sur autre chose du même genre localement ? On nous a appris qu'avec l'état d'urgence, une banale diffusion de tracts CGT était interdite.

Je comprends vu les circonstances que les policiers fassent leur travail, mais j'espère qu'ils seront efficaces et que tout cela servira à quelque chose. Qu'ils neutralisent les islamistes et que cela ne soit pas de la poudre aux yeux.

18 novembre

Le nouveau film avec Patrick Bruel, "Ange et Gabrielle", n'est resté qu'une semaine au Pathé Valence, je comptais y aller, je suis en vacances la semaine prochaine. Une semaine, c'est vraiment ridicule, alors que Spectre, le nouveau James Bond qui est une daube va rester des semaines. Pour le voir il faudrait aller à Romans sur Isère, trop loin.

19 novembre

Le Beaujolais Nouveau n'a aucun goût, mais participer au repas est plus un moment de convivialité qu'autre chose. Depuis deux ans, j'y vais et je prends mon après-midi en congé pour ne pas me précipiter afin de retourner au bureau à l'heure. A boire avec modération, d'autant que le vin rouge me rend vite malade à la différence du rosé bien que je reconnaisse que le premier soit bien meilleur que le second.

Je ne comprendrais jamais l'engouement des japonais pour ce primeur, ce vin vert, qui n'a aucun des charmes d'un bon Côtes du Rhône, un Saint-Joseph ou un Gigondas par exemple.

Je suis inquiet car Lohan, mon deuxième petit fils, a une fièvre élevée depuis deux jours, 39.4, malgré deux visites de sa mère au médecin. C'est peut-être une otite.

Le soir, je regarde « Envoyé Spécial ». Bien évidemment, les sujets prévus : « Je râle donc je suis » et « Le business de la misère » sont annulés et remplacés par l'actualité, les attentats de vendredi.

20 novembre

En ce moment défilent sur BFM TV les noms des victimes de vendredi dernier, la plupart sont des jeunes, les plus de quarante ans sont des exceptions.

Pour me changer les idées, je regarde la copie VHS transférée sur DVD du film introuvable « Les vaisseaux du cœur », d'après le roman de Benoîte Groult. Diffusé sur Canal Plus, mais jamais sur les chaînes publiques, il fut édité en VHS mais pas en DVD. Une édition DVD existe en Allemagne sans sous-titres français. Comme pour la série « University Hospital », j'ai bien fait de faire transférer ces VHS en DVD car cela ne sera probablement jamais édité en France.

Je dois dire que je préfère le roman de Benoîte Groult, une belle histoire d'amour (autobiographique ?) au film qui élude plusieurs passages. Je n'ai plus pu revoir ce film d'Andrew Birkin avec Greta Scacchi et Vincent d'Onofrio depuis que la partie VHS de mon combiné a lâché.

Une édition française en DVD est aussi improbable – enfin je ne l'espère pas – que « Le mois le plus beau » avec Muriel Baptiste.

21 novembre

Ma petite famille doit venir au complet demain dimanche, ce qui sera pile le jour anniversaire de mon second petit fils. Malheureusement, il est malade, ce qui risque de tout compromettre. J'apprends cependant que la fièvre baisse.

22 novembre

En famille, avec les enfants et petits-enfants, nous oublions que la vie peut être tragique comme ces jours-ci. Nous étions tous réunis, ma mère, ma fille, mes deux petits-enfants et mon gendre.

Lucas l'aîné n'aime pas les desserts, ni les entrées salées. J'ai beaucoup joué avec lui. Lohan est trop petit. L'horloge défilant vite, surtout les bons moments, je n'ai pas eu assez de temps pour discuter avec Claire et son conjoint. On a voulu sortir mais il pleuvait et le mistral glacé soufflait. Nous sommes vite rentrés.

Au moment de repartir, Lucas m'a serré très fort, alors qu'il est habituellement plutôt réservé. Ma fille a mis en fond d'écran sur mon téléphone une photo me montrant avec mes deux petits-fils prise ce jour. Je n'aurais pas su le faire tout seul, je suis nul avec les téléphones portables. Il faut dire que je ne suis pas de ce siècle, j'ai encore des vinyles plein les placards.

23 novembre

Je me suis trompé, « Ange et Gabrielle » est encore à l'affiche au cinéma Pathé de Valence, en deuxième semaine. J'ai été le voir essentiellement pour Patrick

Bruel que j'adore, mais comme chanteur. Le film ne m'a pas plu. Ennuyeux comme le cinéma français d'aujourd'hui.

J'ai eu le même sentiment qu'en voyant en 2013 « Le cœur des hommes 3 » avec Marc Lavoine. Bruel est de mon âge et possède un physique de séducteur, toutefois nul n'est à l'abri du temps qui passe et il a pris (comme moi) un coup de vieux. L'affiche du film a du être retouchée par Photoshop.

Patrick Bruel rend son personnage un peu ridicule puisqu'il trouve l'amour et a un enfant avec la fille que joue Isabelle Carré, sa partenaire. Le rôle du célibataire endurci qui regrette la vie qu'il a choisie convenait à un homme de quarante ans, mais à cinquante-six, ce n'est plus crédible.

24 novembre

Il me languit d'être demain, je vais à Montélimar emmener Lucas voir un nouveau Disney. Cela me permet de voir les miens deux fois en trois jours. Je rentrerai tôt, je n'aime pas conduire de nuit l'hiver, enfin l'automne si l'on veut.

Montélimar, 25 novembre

« Le voyage d'Arlo » était le film que nous allons failli ne pas aller voir, Lucas, contrarié d'avoir reçu un jouet cassé, ne voulant plus y aller. Sa mère l'a convaincu à la dernière minute.

J'étais un peu tendu car je sentais mon petit-fils contrarié. Les enfants eux-aussi ont leurs jours sans.

En partant, Lucas a eu le même geste d'affection que dimanche.

Il pleuvait des cordes et j'ai dérapé sur la route à Portes-Lès-Valence, sur la nationale 7, me faisant une belle frayeur. J'ai auparavant assisté à un accident qui venait juste d'avoir lieu sur la route nationale 87, en Ardèche.

Revenu à Valence à 20h30, j'ai regardé l'état de mes pneus, et me suis aperçu alors qu'un de mes phares est grillé. Il faut que j'aille demain le faire changer.

Valence, 26 novembre

Je l'ai échappé belle hier, en effet, pas loin de l'embranchement pour la commune de Rompon (Ardèche), je suis arrivé sur les lieux d'un accident où seule la police était arrivée, il y a un mort, et peut être deux, c'est dans le Dauphiné Libéré d'aujourd'hui.

J'ai bien reconnu la voiture au bord de la route que j'ai dépassée, les policiers faisant la circulation. Le type a perdu le contrôle, mais a grièvement blessé une conductrice qui arrivait sur sa voie en face, et c'était à 19h30, je ne suis pas passé bien plus tard. Ce n'était pas mon heure.

Le soir, je regarde « Des paroles et des actes ». Le ministre de l'intérieur, Bernard Cazeneuve est l'invité et parle des attentats islamistes. Il reçoit ensuite Hubert Védrine et Jean-Pierre Raffarin.

Il faut reconnaître que dans ces débats politiques, pour mettre du piment, il manque feu Georges Marchais. Il n'a pas été remplacé dans son emploi.

1er décembre

Les élections régionales des 6 et 13 décembre sont annoncées. Je veux bien faire mon devoir de citoyen et aller voter, mais je me demande si cela sert encore à quelque chose. On me dit que Laurent Wauquiez a gagné d'avance. J'irai quand même voter le 6, contre.

4 décembre

Je me laisse prendre par TF1 qui propose une émission sur les 30 ans de Bercy. A part Patrick Bruel, peu d'artistes me plaisent.

6 décembre

Laurent Wauquiez obtient avec sa liste « Union de la droite et du centre » 31.73% des voix. Les trois chaînes proposent une soirée « Elections régionales », celle de TF1 étant vite écourtée par le film du dimanche soir, « Ocean's Eleven ». Les soirées électorales n'ont plus le charme d'autrefois, quand Marchais prenait ses colères, quand Tapie s'étripait avec Jean-Marie Le Pen. On a l'impression aujourd'hui que tout se banalise.

9 décembre

Sur France 3 à 18h00, un débat politique entre les trois candidats qui se maintiennent au second tour des régionales Auvergne-Rhône Alpes : Laurent Wauquiez, le socialiste Jean-Jack Queyranne (Jack ? J'aurais juré que c'était Jacques) et le frontiste Christophe Boudot. J'ai trouvé que ce dernier avait mal préparé son sujet et se défendait mal, surtout par rapport à d'autres membres de son parti comme Florian Philippot.

12 décembre

Je dois être masochiste : je suis retourné voir « Spectre ». Si la chanson du générique par Sam Smith, « Writing's on the wall » s'intègre bien au générique sans avoir le potentiel de la précédente chanson « Skyfall » interprétée par Adele en 2012, je reste convaincu que Daniel Craig devrait laisser sa place. J'ai, par rapport à la première vision du 10 novembre, revu à la hausse seulement la séquence pré-générique à Mexico. Le reste du film est ennuyeux à mourir.

J'aime bien cette réflexion que fait un moribond à James Bond au milieu de l'intrigue : « Vous êtes un cerf-volant qui danse dans un ouragan, Monsieur Bond ».

Il serait temps de revenir à l'ancienne formule, celle d'avant les quatre épisodes avec Daniel Craig, mais est-ce possible ? Je doute que James Bond redevienne ce qu'il était.

Harry Saltzman disait en 1974 « Bond n'est que le héros de son époque », son coproducteur Albert R. Broccoli répondait « James Bond est éternel ». J'ai bien peu que ce soit Harry qui avait raison.

13 décembre

Sans suspense, la liste de Laurent Wauquiez gagne les élections régionales Rhône Alpes-Auvergne.

15 décembre

Superbe émission sur France 2 : « Un jour, une histoire » : « François Mitterrand, la maladie au secret ». Un documentaire passionnant présenté par Laurent Delahousse. J'ai appris des choses et ne regrette pas ma soirée.

19 décembre

J'ai été m'acheter un broyeur de papier électrique et je commence une grande opération de nettoyage dans la maison : vieux relevés de compte bancaire, anciennes factures EDF datant de quinze ans et plus. J'en ai pour des semaines. Mais je ferai de la place.

Le soir, l'élection de Miss France me laisse de marbre. Je n'ai même pas retenu le nom de la gagnante ni la région qu'elle représentait. Aucun intérêt.

20 décembre

J'ai constaté aujourd'hui qu'il y avait beaucoup de cartons vides dans ma cave, ainsi que des appareils électroménagers hors d'usage. Il faudra que j'aille à la déchetterie.

Je recherche mes guirlandes électriques de Noël achetées l'an dernier dont je ne sais où je les ai mises. Finalement, après avoir remué de fond en comble mon appartement, je les retrouve dans un placard.

21 décembre

Le broyeur a fonctionné toute l'après-midi. Cela me fatigue un peu, mais que de choses inutiles gardées. Je gagne pas mal de place. Seul problème, lorsque le moteur du broyeur chauffe, il faut attendre dix minutes pour qu'il se remette en route.

24 décembre

Le conjoint de ma fille passe Noël dans sa famille. Claire est venue avec mes petits-enfants. Tout le monde a été gâté. Lohan semble perdu sans sa maman et vite apeuré. Lucas a voulu que je joue à cache-cache avec lui. Personne n'a touché au chapon, ma mère a failli s'étouffer avec un toast. Ma fille m'a dit qu'elle était devenue végétarienne.

Lohan va commencer l'année par des examens médicaux le 4 janvier car il a des allergies au gluten et au lait de vache.

Après leur départ, j'ai regardé la messe de Minuit, tout en tapant sur mon ordinateur. C'est l'ambiance que j'aime, pour moi cela symbolise Noël.

30 décembre

Sur France 3, un anniversaire un peu avance pour la trentième année de la disparition de Daniel Balavoine. C'est lui qui chante, et non des chanteurs d'aujourd'hui reprenant ses titres, en les massacrant, comme ce fut le cas pour un hommage à Jean Ferrat.

Daniel Balavoine n'étant pas un de mes chanteurs préférés, il ne me manque pas. Je commençai à aimer ses titres à la fin de sa carrière : « Dieu que c'est beau » (1984), « L'Aziza » (1985). S'il avait vécu et continué dans cette veine, j'aurais sans doute aimé. Le reste de son répertoire ne me touche pas.

31 décembre

Je me demande pourquoi nous n'avons pas éteint la télévision. Elle est plus là en fond sonore qu'autre chose. Arthur et ses camarades gesticulent comme chaque année. Où sont les programmes des fêtes de fin d'année d'autrefois, comme ceux de 1972 avec Muriel Baptiste dans « Les rois maudits » ?

Muriel, on en revient toujours à toi, tu me manques. Et pourtant, pour moi, tu n'as jamais été aussi présente qu'en cette triste année 2015 qui aura vu Pino Daniele et James Horner s'en aller, tandis qu'il nous faut désormais vivre en permanence en état d'urgence à cause de déments qui ont décrété notre perte et veulent détruire notre civilisation.

© 2023 PATRICK SANSANO
Édition : BoD - Books on Demand, info@bod.fr
Impression : BoD - Books on Demand, In de Tarpen 42,
Norderstedt (Allemagne)
Impression à la demande
ISBN : 978-2-3221-1944-8
Dépôt légal : février 2023

FSC
www.fsc.org

MIXTE

Papier issu
de sources
responsables
Paper from
responsible sources

FSC® C105338